Influenser ...

... från en tid, då allt var möjligt

INGEMAR FORSBERG

En del av innehållet, särskilt kanske bilderna, i denna bok, kan nog för de flesta läsare upplevas som familjehistoria. Jag hoppas emellertid att man står ut med detta och att det viktiga innehållet ändå ger läsarna en bild av hur världen kunde upplevas på femtiotalet.

Det lite familjetillvända kan få visa mina barn och barnbarn lite av deras rötter.

Min mamma och pappa
den 26 juli 1942

Förlag: BoD – Books on Demand, Stockholm, Sverige
Tryck: BoD – Books on Demand, Norderstedt, Tyskland
ISBN: 978-91-7785-597-2

Innehållsförteckning

BAKGRUNDER

Värderingar, normer – hur tillägnar man sig dem? Det vore spännande att veta allt om detta beträffande sig själv, om det vore möjligt. Emellertid har man väl ändå en viss aning om hur man danats som person och det som hänt en i det fallet är väl det man kallar uppfostran ... medveten och omedveten, sådant som hänt och omgivningens reaktioner. Kanske mer också, jag vet inte.

Men jag tror att jag vet någorlunda varför jag tycker det jag tycker och jag tror att mycket av det kommer från det jag upplevt främst i min barndom. Det är klart att det senare hänt saker, som påverkat min inställning, men att grunden för åsikter och värderingar står att finna i barnaårens upplevelser och erfarenheter, det är jag säker på.

Därför har det varit både roligt och spännande att försöka minnas och berätta om ett antal episoder i mina tidiga år. Tyvärr inte de troligen allra viktigaste åren för karaktärsdaningen, de tre-fyra första åren, men väl de år jag tror varit viktigast för utvecklingen av värderingarna. Den tid då medvetenheten om omvärlden och allas roller i samspelet vaknat och sedan blivit allt starkare, lite före skoláldern och framåt.

Innan jag började skriva ner dessa episoder, tyckte jag att jag knappt mindes någonting alls, men varefter skrivandet fortgått, har den ena minnesbilden efter den andra dykt upp och märkligt nog också blivit klarare och klarare. Det har varit som att hitta och börja bläddra i ett gammalt bortglömt fotoalbum.

En del episoder är upplevda av mig själv ”här och nu” eller kanske korrektare uttryckt ”där och då”. Andra är berättade för mig och på det viset ändå upplevda. Några av de berättade händelserna är berättade lite då och då, vid olika tillfällen och i olika sammanhang, och först nu i denna skrift sammanförda till en berättelse som hänger ihop från start till mål.

Spännande har det varit att i minnesbilderna särskilt lägga märke till de vuxnas beteende, vad de sade och gjorde. Speciellt känns det att mina föräldrars roller har varit viktiga och på något sätt vägledande in i min värld av normer och värderingar.

Såvitt jag kan erinra mig har jag inte fått så mycket i direkt påverkan i den meningen att man sagt till mig ”gör si, gör inte så, tyck så här, tyck om, tyck inte om …” Jag upplever efteråt att jag fått ganska lite av förmaningar men rikligt med intryck.

Född i arbetarklassen under andra världskriget med de möjligheter, som sedan erbjöds under 50- och 60-talen, var jag ändå privilegierad, upplever jag. Det var lätt att gå vidare, att finna andra och nya vägar men det fanns en tid, särskilt i de övre tonåren då jag nästan skämdes för den bakgrund jag hade. Inför flera av klasskamraterna i gymnasiet skämdes jag lite för mamma och pappa …

Senare har jag blivit alltmer stolt över min härkomst och klasstillhörighet och idag skäms jag lite att erkänna att jag skämdes för mina föräldrar. Jag kan i alla fall trösta mig med att jag inte låtit mina föräldrar förstå detta ”svek” emot dem.

Min stolthet över den arbetarklass jag kom ifrån, gör att jag känner mig hemma där bland ”jobbarna”, jag känner mig trygg i de sällskapen, jag kan mycket av språket och koderna, även om de ändrats en del med tiden.

Jag beslutade att skriva ner händelser och episoder i den ordning jag noterat dem, det vill säga i kronologiskt kaos*. Dessbättre spelar det ingen roll, eftersom den eventuella röda tråden i min skrift är intrycken jag fått. Då spelar det större roll att försöka minnas hur jag upplevt och uppfattat situationerna.

Det finns inget som säger att det jag skrivit är objektivt korrekt. Däremot är det subjektivt korrekt i den meningen att jag har skrivit sanningsenligt som jag minns det.

Jag antar att mina värderingar och normer är ett resultat av det jag subjektivt upplevt och inte det som rent objektivt skett. Så därför får den subjektiva sanningen vara den sanning som gäller här och nu.

**) Detta är en andra upplaga av denna bok och mellan de två upplagorna har nya minnen dykt upp och de har lagts in som egna kapitel, där jag tyckt att det passar.*

NÄSTAN PÅ LANDET

För yngre läsare kan det ha ett visst intresse att veta hur jag bodde som liten. Jag avser då den bebyggelse som fanns eller man kanske snarare ska säga den bebyggelse som inte fanns på den tiden. Alltså den tid som var fram till sommarolympiaden i Helsingfors 1952 ungefär.

Örby var ett litet samhälle utanför den stora staden Stockholm. Platsen, orten finns omnämnd tidigt i skrifter - redan från medeltiden. Då var det dock inget man kan kalla samhälle, kanske möjligen kan man säga en by vid stranden av dåvarande Brännkyrkasjön. Samhället, byn, växte långsamt. Staden växte snabbare. Från och med 1913 kom Örby att bli en del av Stockholm när Brännkyrka socken inkorporerades med huvudstaden.

Under mellankrigstiden, främst trettiotalet, växte det fram villasamhällen med hjälp av kommunalt stöd. Stora villaområden med likadana hus som såldes till för arbetarklassen överkomliga priser. Det var en åtgärd i ”folkhemmets anda” för att förbättra bostadsvillkoren för arbetarfamiljerna som hade bedrövliga hem, i vilka sjukdomar och elände frodades. Ett par av dessa områden söder om Stockholm är Tallkrogen och Enskedefältet.

Örby var dock inget sådant område, utan det växte sakta på egen hand. Samhället var länge i ett bedrövligt tillstånd innan det rättades till och det blev bättre en tid före andra världskrigets utbrott. Man saknade tillgång till vatten, man saknade avlopp, vägarna var knappt farbara vid regn och så vidare. Nära skolan längs Huddingevägen uppfördes dock hyresfastigheter, så samhället växte trots eländet. I utkanterna växte det också, men det gick saktare.

Vi bodde i södra utkanten och var i princip granne med skogen. Söder om vårt hus kom det då och då upp ytterligare ett hus, men det skedde långsamt.

På vintern kunde vi sätta på oss skidorna hemma och åka genom skogen till Fagersjö sportstuga, vilket vi ofta gjorde på söndagar så sent som när min lillasyster Ingegärd var fyra år, alltså 1951. Kanske också något år till?

När jag var tio eller kanske elva år gammal, fick jag för mig att jag skulle åka alldeles själv till Fagersjö sportstuga. Jag visste att jag hittade bra genom skogen och gav mig iväg. Efter kanske tio minuters spårande genom skogen, blev jag stående, faktiskt skrämd. Jag fick en känsla av overklighet. Känslan var så obehaglig att jag inte visste vad jag skulle ta mig till.

På min tilltänkta väg fanns inte skogen kvar. Där fanns ett flertal husgrunder, grävmaskiner, byggnadsställningar och folk som jobbade.

Jag vände tvärt och for hem på snabba skidor. Väl hemkommen slet jag av mig skidorna och rusade upp till mamma, pappa var på jobbet, och berättade upprört vad jag sett. Hon skrattade åt mig, vilket i det ögonblicket inte kändes bra, och sa ”det är därför vi inte åkt till sportstugan i år. Det ska bli en massa hus där … och höghus … och det ska heta Högdalen”.

Pang, så kom plötsligt verkligheten till mig.

Jag hade ju sett när man byggde Bandhagen ett par år tidigare och jag hade även sett att man börjat bygga Högdalen.

Men att Högdalen placerades precis mitt på mitt skidspår till Fagersjö hade jag aldrig tänkt på eller förstått.

Alltså, innan jag var tio år fanns inte Bandhagen, Högdalen, Rågsved eller Hagsätra. Dessa samhällen byggdes mellan cirka 1951/52 och 1962/63 … tror jag. Ungefär i alla fall. Namnen är emellertid gamla. De är namnen på små torpställen där en familj kunde bo med tre till fem kor, höns, gris och kanske något mer. Torpen Bandhagen och Högdalen tillhörde Örby Gård (Örby Slott) och Rågsved och Hagsätra var torp under Älvsjö Gård.

Beträffande de andra tunnelbanelinjerna och samhällena i utkanten, till exempel Farsta, har de likadan historia, utom att Farsta fått sitt namn av själva herrgården, Farsta Gård.

Hur som helst, jag växte upp nästan på landet till att börja med. Det var fritt och det var härligt och vi hade på vintrarna en alldeles egen skridskobana inne i skogen. Ett tillfruset kärr, jättekul. Ett fritt och stort berg att köra skidor på. En stor skog att leka i.

Vi var faktiskt barn från landet …

ENSAMMA MORGNAR

Jag minns att jag alltid vaknade så tidigt.

"Det är inte så konstigt. Du kunde ju somna vid middagsbordet."

Jag minns de tidiga sommarmorgnarna. Ja, långt ifrån alla, men jag har en bild, som symboliserar mina tidiga och ensamma morgnar.

Jag vaknar och det är ljust i rummet. Genast kravlar jag upp ur sängen, kränger av mig pyjamasen och får på mig en kortärmad tröja och ett par kortbyxor.

Fönstret står uppsatt lite på glänt och jag tassar fram dit och tittar ut. Solen har tagit sig upp och syns över farbror Lindvalls tak och klockan, ja, den finns inte i min värld. Jag är väl någonstans mellan fyra och sex år och det är den senare delen av 1940-talet.

Som vanligt är jag den ende som är vaken. När solen skiner, vill jag gå ut och det kan jag redan klara själv. I vår tvåfamiljsvilla bor vi högst upp och min farmor i den undre lägenheten. Jag går ut genom dörren och tar mig de två trapporna ner till källarplanet, där entrédörren är. På tå når jag upp till skjutlåset och det är lätt att öppna och sedan gå ut.

Jag minns den kyliga morgonluften, klar, men lite fuktig mot min oklädda hud, ansikte, armar och ben. Ibland så kall, att skinnet på armarna vill knottra sig en aning. Den befriande känsla jag får genom att dra några djupa andetag i den fuktmättade, kyliga luften, kan jag fortfarande känna, mer än sextio år senare. Den liksom rensar ända ner i magen, upplever jag.

Jag minns också, att jag denna tidiga sommarmorgon går ner på vägen och tittar upp mot alla höga björkar, som finns kvar som ett minne från den tid då våra tomter och vägar var en skogsbacke. De allra flesta barrträd är borta, men det finns mycket kvar av ekar och björkar. Speciellt de höga björkarna tilldrar sig mitt intresse och detta särskilt nu, när det är tidigt på sommaren.

Deras ljusa, späda grönska uppe i höjden ger mig en flygande känsla och jag står still länge på den morgonödsliga grusvägen med blicken mot björkarnas kronor och drömmer.

Det är gott om småfåglar, som, ivrigt kvittrande nu på försommaren, flyger in och ut i mina drömmars lövkronor. Vad, som väcker mig ur drömmen, kan jag inte komma ihåg. Kanske är det inget särskilt?

Vår tomt ligger rätt högt intill den grusväg, Flensvägen, som slingrar sig fram mellan villorna i arbetarförorten Örby i södra Stockholm. På den tiden var alla vägarna i Örby grusade, vilket var bra om man ville spela boll eller ”grop”, ett bland oss smågrabbar populärt kulspel.

På vår tomt finns det också gott om ekar med ekollon och ekorrar. Dessa kilar, till synes utan att besväras av tyngdkraften, upp och ner i ekarna och kastar sig handlöst från gren till gren. Inte sällan byter de bo, vilket också betyder att de flyttar sina ungar. Jag upphör aldrig att förundras hur en ekorrmamma kan stoppa in en hel unge i munnen och med dess svans som en liten flagga runt huvudet, fara iväg lika lätt skuttande från gren till gren, från träd till träd, som annars.

Jag går upp på tomten efter min drömseans på vägen och minns att det rätt glesa, stråniga gräset på vår tomt också är fuktigt, daggvått, och kallt. Vinbärs- och krusbärsbuskarna har knappt ännu fått gröna kart, men de måste ändå inspekteras, för man vet aldrig när bären är ätbara.

Vid denna tid på dygnet, då ingen annan är vaken och jag befinner mig i någon sorts andlig stillhet, tittar jag lite samvetsömt och medlidsamt på farmors rabatter. Blommorna där är mer eller mindre tilltufsade, allt beroende på med vilken tur de genomlevt dagen innan. De lever farligt, när vi är flera barn tillsammans.

Farmor, ja ... Hon hade det inte så lätt med oss ...

Tidigt var bollen en omtyckt leksak för oss och till farmors fasa hade ”bollplanen” inga gränser. Hon var dock lika envis, som vi var hängivna leken och bollspelet, så hennes fönster for ideligen upp och en ström av förmaningar överöstes oss.

Ett tag hade farmor höns i ett litet hönshus med en inhägnad gräsyta framför i ett hörn på tomten. Av dem har jag bara ett svagt minne, så de försvann nog tidigt.

Denna min ensamma morgon slutar som den oftast gjorde.

Mamma öppnar fönstret och ropar: ”Ingemar, kom in, vi ska äta frukost med pappa och du måste sätta på dig skorna, när du går ut så här tidigt. Du kan bli förkyld.”

Pappa sitter vid bordet iförd sitt blåställ och ska snart iväg med skåpbilen, som är som en hel verkstad och därför kallas verkstadsbilen. Strax före halv sju ger han sig iväg sex dagar i veckan.

Min frukost består av smörgås och mjölkchoklad, mycket mjölk och lite choklad. Limpan doppar jag väldigt försiktigt i chokladen, eftersom mjukt och för uppblött bröd kan få mig att kräkas. Men med ost på och lagom lätt fuktad är limpan en delikatess. Men det allra godaste är samma pålägg på en knäckbrödsskiva. Den kan jag dessutom avnjuta både genomdränkt och segmjuk.

Segmjukt knäckebröd har alltsedan dess varit en läckerhet för mig liksom för min pappa. Han ”investerade” ofta inför morgondagen, genom att i en brödburk trava varannan limpskiva, helst kavring, varannan knäckebrödsbit för att sedan avnjuta det hela till morgonkaffet.

Pappa, ja ...

Han var ingen morgonätare och har aldrig blivit det heller.
Han var morgontrött. En skiva kavring och en eller två segmjuka knäckebrödsmackor var det mesta han kunde få i sig. Nedsköljt med kaffe.

Klockan nio hade han, liksom jobbare i allmänhet, sin riktiga frukost. Då hade han jobbat i två timmar och var äntligen både vaken och sugen. Hemifrån hade han då ett par dubbelmackor, ofta med ett par falukorvskivor emellan alternativt stekt ägg. Och kaffetermos.

Vid tolvtiden åt han ur sin medhavda matlåda, i regel resterna från middagsmålet kvällen innan och på eftermiddagen var det ofta både två och tre kaffestunder med ”käringarna på kabinetten”, det vill säga, damerna som arbetade med service i stadens offentliga toaletter. Mycket av pappas arbetstid gick åt till att rensa avloppen och att laga trasiga dörrar och lås hos ”käringarna.”

Mamma, då ...

Hon var hemma med mig och min fyra år yngre syster. Min kusin, en flicka som var lika gammal som jag, fanns också under hennes beskydd, som dagbarn. Det gick åt en hel del tid till oss barn. För att klara ekonomin var det också mycket baka, sticka och sy. Mammas mat- och fikavanor på den tiden kan jag inte erinra mig. Men jag minns att hon ofta intog kaffe och sin cigarett sittande på köksbänken vid fönstret.

Jag minns ett enkelt och okomplicerat liv. Jag, som barn och även som ungdom, levde i en snäv värld, som var lugn.

Som jag minns det, levde även mina föräldrar och svenskar i allmänhet i samma värld, där man bara såg framsteg och välstånd i en framtid. Man hade ju en jätteskjuts med en fungerande produktionsapparat när andra världskriget tog slut och resurser och rikedomar växte i vårt land. Den socialdemokratiska solidariteten var stark och man byggde tryggt vidare på folkhemmet.

I hemmen fanns ingen TV, som visade fasansfulla bilder från Korea, som senare från Vietnam. Man hade aldrig hört ordet miljöförstöring.

PAPPA - PILOTEN

Ett flygplan på himlen väckte alltid en viss uppståndelse bland oss barn på gatan. Vare sig det var ett lugnt flygande trafikflygplan, ett lägre och ostadigare gående sportplan eller de mest spännande planen, krigsmaskinerna ”Mustang” eller lite senare ”Flygande Tunnan”. Dessa kunde flyga högt, bildande långa ”molnsvansar” efter sig eller ibland komma lågt och med ett skräckinjagande, tjutande dunder fara över vårt begränsade blickfång och försvinna lika fort som de dykt upp. Ibland kom de till synes ensamma och ibland i formationer.

Som jag minns det, var det mycket oftare vi såg dessa krigsflygplan på den tiden, runt 1950, än jag gör numera, drygt sextio år senare. Kanske var det mer passande då för militären att lufta planen och spänna musklerna direkt efter andra världskriget än det är nu. På den tiden verkade man ha råd med allting och ingen var heller särskilt miljömedveten. Nej, framtidstro, omedvetenhet och oskuld gick hand i hand.

För oss barn symboliserade dessa flygplan kraft, ära och mod, ja, snart nog allting som förknippas med manlighet. Jag, liksom alla de andra barnen på gatan, kände någon sorts längtan dit upp, till planen, till att vara deras dådkraftiga piloter.

Allas vår längtan satte fart på vår fantasi. Då barns fantasi får lösa tyglar finns ofta inga gränser och knappast heller någon skillnad på lögn och sanning. Då dessa fantasifrossande barn samtalar om det fenomen, som sätter det hela i rullning, tror de på varandra och sig själva, fast de ändå någonstans vet att allt bara är lögn. Eller, med ett mildare uttryck, drömmar.

I de stunderna är det skönt att uppleva att det är sant ...,
för det gör man ..., ändå.

Jag minns särskilt en gång väldigt tydligt:

Solen skiner och jag är nog fem år. Kanske sex? Jag leker med Ove på gatan utanför farbror Lodins hus på Flensvägen. Även Lill-Åke är där, egendomligt nog, han är ju två år yngre än jag och var sällan ända borta där vi höll till. Trehundra meter är långt hemifrån då du bara är tre-fyra år. Ove lekte ofta med mig.

Han var lite ensam av sig och sökte gärna upp mig. Han var väldigt snäll och lite försvarslös på något sätt. Begreppet mobbing var inte uppfunnet då, men emellanåt var han nog lite mobbad. Inte av mig, vill jag tro, men vad jag minns tyckte jag både om och lite synd om honom.

Nåväl, solen skiner alltså och vi leker något som jag inte minns.
Så ser någon av oss upp mot den klarblå himlen och pekar uppåt:
Titta, ett plan ritar molnstreck!

Tre par ögon riktas mot den blänkande metallpricken, som, till synes långsamt, drar sig fram högt upp, lämnande efter sig en växande strimma av vit ”rök”, som vi sa.

Först står vi alla tysta, medan fantasin kopplas på.

-Det är min pappa som kör, säger jag plötsligt, själv fullt övertygad, men ändå egentligen inte.

-Min också, piper Lill-Åke lite gällt.

-Nähä, säger jag förnärmad, det är bara min pappa som kör ..., visst Ove?

-Ja, säger Ove, min körde förra planet.

-Där hör du, säger jag stolt till Lill-Åke.

-Jamen, min pappa ...

Jag minns inte vad Lill-Åkes pappa förmodades göra och det är inte heller så viktigt längre. Men då var det viktigt att min pappa var min fantasipilot liksom Oves pappa var hans.

Många plan flögs över oss av min pappa. Oftast var det Mustanger eller Flygande Tunnor. Efteråt kan jag undra varför jag klädde pappa i denna fantasikostym och hjälteroll.

Var det för att jag önskade mig en märkvärdigare pappa?

Var det en bild av mig själv jag ville ha, men som fick iklädas av pappa?

Var det bara barnsvammel utan betydelse?

Jag tror emellertid att barns fantasier betyder något, men jag vet inte vad. Inte i detta fall åtminstone.

SANDQUIST OCH MAMMA

På vårterminen i fjärde klass fick jag för första gången en ung lärare. I första klass hade jag fröken Hultkvist, drygt 60 år, i andra fröken Ester Andersson, som var på sitt sista år före pensioneringen och i tredje fröken Ruth Sjölander, som var ett år yngre än fröken Andersson och därmed också på sitt sista år. I fjärde klass fick vi magister Per-Edvin Sköld, som gick i pension till jul.

Sedan kom alltså Sandquist. Vi var hans första klass och han var nog ungefär 25 år gammal. Dessutom var han idrottsman och som gjord för vår klass. Han var så ung, tyckte vi, att vi kom oss aldrig för att kalla honom magister Sandquist, när vi talade om honom. Nej, Sandquist räckte. Då vi ville honom något blev det ändå ”magistern”, förstås.

På den tiden gick man i skolan även på lördagarna, en rätt kort skoldag, som avslutades med att Sandquist läste ur någon bra bok högt för oss en hel lektion. Jag minns särskilt den tjocka bok han läste om trettioåriga kriget, ”Gula Brigadens Hjältar”, tror jag att den hette. Kanske var det där mitt stora livslånga intresse för historia skapades?

Sandquist gick igenom sina krav på oss elever. Genomgången avslutades med att han vände sig mot svarta tavlan och skrev på dess ena sida upp onsdagens datum i varje vecka fram till sommarlovet. Så räknade han dem högt och vände sig mot oss.

-Det här är sjutton friluftsdagar, sport- och påsklovet går bort automatiskt.

Sandquist gjorde en paus och tittade på oss en stund innan han fortsatte:

-De andra kan också gå bort, men inte automatiskt. De försvinner, om ni inte sköter er som ni ska.

En ny konstpaus följde och jag minns att jag med spänning undrade vad som skulle komma härnäst. Jag, och många med mig i klassen, älskade att idrotta och vara ute i naturen.

-Om någon lärare kommer med klagomål på någon av er eller om jag själv är missnöjd med er, stryker jag den närmast kommande friluftsdagen.

Magister Sandquists idé fungerade på oss.

Vår klass hade tillräckligt många idrotts- och friluftsintresserade, att vi efter ett par strukna friluftsdagar, effektivt tog hand om ordningen i klassen.

Fem terminer hade vi Sandquist som klasslärare och vi hade en friluftsdag i veckan. Barnen i de två parallellklasserna till oss var förstås avundsjuka, när vi drog iväg, ofta i en lång cykelkaravan, varje onsdag.

Nu, efter en egen bakgrund som lärare, har jag undrat en del över hur den unge läraren Sandquist hade det bland alla sina äldre kollegor.

...

-En friluftsdag i veckan, är det klokt det?

-Det är till att göra sig populär.

-Hur ska de hinna lära sig något med så mycket lek?

-Vad ska föräldrarna säga? Som om deras barn går i en lekskola.

-Rektor borde ta karl´n i örat.

...

Efter nitton år som lärare kan jag tänka mig pratet bakom ryggen, ja, ”skitsnacket”. Fast, förstås, jag vet ju inte.

Faktum är att Sandquists metod fungerade utmärkt i alla avseenden. Vår klass var längst framme i alla läroböcker och vi hade alltid bäst resultat på alla prov.

Det var egentligen inte särskilt konstigt. Förutom våra ordinarie tre lektionstimmar ”Gymnastik med lek och idrott”, som skolämnet hette då, fick vi rasa ut och röra oss under okonstlad glädje i skog och mark med både idrott och lekar en hel dag varje vecka. Jag vill gärna poängtera att Sandquist hade en särskild förmåga att uppmuntra dem som behövde uppmuntran ... alla blev sedda och uppmärksammade.

Övrig skoltid var vi både disciplinerade och lugna i vårt skolarbete. Allt var ytterst harmoniskt, såsom jag och även min mamma minns det.

Mamma, ja. Hon var på sitt första föräldramöte med vår nya magister i april, då nyordningen i klassen varat i tre månader. Mamma, som i likhet med de allra flesta andra mammorna i klassen, hade en enkel bakgrund och var grundmurat inrotad i arbetarklassen, hade därmed en stor respekt för lärarna och det var alltid med en blandning av högtidlighet och bävan hon gick på föräldramöten. ”Man vet ju aldrig vad man kan få höra ...”

Nå, mammorna samlades i klassrummet tillsammans med den nye magistern. Han presenterade sig och sa nästan genast att ”ni undrar nog vad vi håller på med i klassen med alla dessa friluftsdagar ...” och det gjorde förstås alla mammorna. Så berättade magister Sandquist om sin idé och om det tänkta straffet att stryka friluftsdagar, ”men trots att jag blivit allt petigare med att hitta förseelser för att stryka dagar, så är det numera stört omöjligt att hitta en hållbar anledning. Och ett löfte är ett löfte, jag får lov att ha en friluftsdag i veckan.”

Mammorna visste inte riktigt vad de skulle säga. Det var ju bra att det var ordning i klassen, men ... ”Ja,” fortsatte magister Sandquist, ”jag ska väl också meddela, att vår klass verkar ligga först i både lästakt och resultat, det är min tröst och mitt försvar, om någon skulle klaga.”

Med detta var slaget vunnet för den unge läraren och resten av föräldramötet blev lugnt och avspänt. Mamma var nöjd, men något omtumlad efter det första mötet med magister Sandquist.

Det följde sedan ett föräldramöte per termin. Jag skulle också kunna kalla det ”mammamöte”, för då jag var skolbarn var det i stort sett uteslutande mammor, som gick på slika tillställningar. Mamma var hela tiden nöjd med både mig och magistern.

Det sista föräldramötet gällande mig med den nu lite mer erfarna magistern, slutade dock högst oväntat för mamma.

Jag gick i sjätte, det vill säga sista årskursen inför avgörandet om det skulle bli den ”praktiska” eller den ”teoretiska” linjen från och med klass sju. Den praktiska ledde vidare till yrkesskolor eller direkt ut i arbetslivet, medan den teoretiska ledde till realexamen och eventuellt vidare mot studentexamen.

Egentligen vet jag inte vad mamma och pappa hade för föreställningar om min framtid och om ”högre studier”. Efteråt har jag undrat.

Mamma lämnade sin sjuåriga skola efter att fått hoppa över första klass och således bara gått sex år. Hon hade högsta betyg i allt utom i ”gymnastik med lek och idrott.” Dock stängde fattigdomen i hemmet i Ådalen obönhörligt dörren till vidare studier.

Pappa, med en konstruktiv begåvning, gick i en skola där utantillärandet var viktigast. Psalmer, bland annat.

Han har aldrig kunnat lära sig utantill, inte ens som vuxen körsångare. Han var en trogen kvarsittare och psalmverspluggare, åtminstone en gång i veckan och han gick sedan ut skolan med torftiga betyg.

För mina föräldrar kanske det var lite svindlande, att deras son kunde läsa vidare, även om båda säkert innerst inne önskade det och såg det som en lösning ”till att få det bättre.”

Mamma gick alltså, sannolikt ytterst vankelmodig, på föräldramöte för att med magister Sandquist rådgöra om min närmaste framtid. Så småningom blev det hennes tur att tala enskilt med magistern, som inledde med att berätta att jag hade det väldigt lätt för mig i skolan. Det visste mamma förut och det hade hon också haft.

-Ja, men det är bäst att han går den praktiska linjen.

-Ursäkta, men du menar den teoretiska?

-Nej, vidhöll mamma, han har bara intresse för idrott och har väl egentligen aldrig läst en läxa.

Magister Sandquist lutade sig bakåt i stolen, knäppte händerna bakom nacken och höjde ögonbrynen.

-... så, fortsatte mamma, det är bäst att han går praktiska linjen, så det inte ...

-Så det inte, vad då, avbröt Sandquist med lite högre tonläge. Nu blir jag arg, fortsatte han, med en plötslig rodnad på hals och kinder:

-Jag har fem elever i klassen, fem elever som är särskilt läsbegåvade. Ingemar är en av dem. Dessa fem ska bara gå den teoretiska linjen, det är inget att ens resonera om.

Sandquist gjorde en paus och tittade stint på mamma.

-Men han vill bara idrotta, försökte hon igen.

-Den som sover för idrott, sover för annat också, avbröt Sandquist, nöjd med sin nypåfunna sanning om livet.

-Det finns ett enda skäl, jag kunde acceptera, om än motvilligt, fortsatte han, och det är om Ingemar själv, ärligt och övertygat skulle säga att han inte vill läsa vidare. Har han sagt det?

-Nej.

-Då så, min kära vän, han ska gå den teoretiska linjen och det kommer att gå utmärkt. Hej då, fru Forsberg och hälsa dem därhemma så gott.

Magister Sandquist reste sig och sträckte fram handen till adjö. Mamma tog den, nickade och gick sin väg, omtumlad med glad ändå ..., innerst inne. Hon skyndade sig hem. Klockan hade hunnit bli tio och föremålet för föräldramötet sov redan.

Mamma berättade det hela för pappa, som också kände en pyrande stolthet i bröstet.

Vid frukosten dagen därpå då pappa efter en kort kaffestund gett sig iväg, sa mamma plötsligt:

-I går fick jag en riktig utskällning av din lärare.

-Jaha? Förvånad tittade jag upp på henne, där hon satt på sniskan på köksbänken med sin vanliga morgoncigarett i handen. Varför då?

-Jag sa att jag tyckte att du skulle gå den praktiska linjen.

-Jaha?

-Då skällde han ut mig och sa ungefär, att om någon skulle gå den teoretiska linjen så var det du.

-Jaha.

-Har du inget annat att säga?

-Nää ..., det är väl bra.

-Vilket är bra?

-Att gå den teoretiska.

-Men då måste du börja läsa läxor.

-Jaha.

-Hur ska du hinna det ?

-Det vet jag inte ... Det går väl.

Jag kände att mamma ville ha ett slags löfte för att sluta oroa sig. Ett sådant var jag inte beredd att ge, för jag visste ju inte riktigt vad allt skulle innebära. Emellertid ville jag inte att hon skulle vara orolig heller.

-Jag klarar det, var inte orolig. Jag får väl göra det som behövs.

Mamma gav upp samtalet. Hon var inte helt nöjd, men ändå rätt belåten med utgången. Så tände hon ännu en cigarett, medan hon undrade hur det hela skulle gestalta sig, samtidigt som hon var helt övertygad om att det skulle gå bra. Det var en kittlande känsla.

Ingen i släkten hade ”läst vidare” förut.

Som slutkläm på detta kapitel vill jag idag säga att lärarna Karl-Lennart Sandquist och Urban Hjelm, som jag sedan fick i realskolan, nog är de bästa lärare man kan eller kunde finna.

Jag har haft flera strålande lärare under realskole- och gymnasietiden, inte minst Sune Martinsson och Tor Hammar, men de två först nämnda toppar nog ändå listan.

Avklarad realexamen

MIN BOLL, MIN PAPPA OCH OVES

Jag fick en gummiboll, stor som en riktig handboll. Den var blå med färggranna figurer på och studsade bra. Högt, om jag dängde den hårt i backen. Som vanligt är jag lite osäker på hur gammal jag var vid den här tiden. Fem?

Jag och även mina lekkamrater hade skoj med bollen en hel dag. Mamma berättade för pappa, då han kom hem från jobbet, att bollen var en fullträff att skaffa. Jag hade haft så roligt hela dagen och mamma hade fått mycket gjort av baka, städa och sy.

Morgonen därpå började jag direkt att leka med bollen lite vildare än jag egentligen visste att jag fick. En väl- eller snarare missriktad spark träffade en kvarglömd kaffekopp, som stod på ett bord. Koppen for i golvet och blev till porslinskross och lite nattgammalt kaffe stänkte omkring.

-Ingemar! Du får inte sparka boll inne! Tänk om du träffat pappas dopkopp där på sekretären. Gå ut och lek med bollen ... , men håll dig på tomten.

Den lille, det vill säga, jag, skuttade nedför alla trapporna och ut på tomten. Solen sken och bollen var grann.

-Skönt, tänkte mamma, välsignade boll. Nu kan det bli lugnt ett tag.

Hon sopade ihop resterna av den gamla koppen, torkade kaffestänken och kopplade sedan av med en kopp värmt frukostkaffe och en cigarett, innan hon skulle ge sig ner i källaren för att elda i pannmuren. Idag hade hon planerat stortvätt av lakan.

Efter lunchen återvände mamma till källaren och jag blev kvar inne. Snart började jag leka med bollen igen och ännu en missriktad spark fick den fruktansvärda utgång, som mamma varnat för: Pang ... och pappas fina dopkopp med guldkant for i golvet, men gick bara i fyra bitar plus några minimala flisor.

-Mamma, skrek jag instinktivt och förskräckt.

Hon kom rusande uppför trappan och störtade in genom dörren, svettig, våt och rädd:

-Har du gjort dig illa?

-Nej ...

-Ingegärd?

-Nej, men koppen ramlade ner.

Mamma fick nu syn på olyckan och kände både lättnad och sorg. Lättnad för att ingen var skadad och sorg för att pappa skulle bli väldigt ledsen och kanske arg också.

-Ramlade ner?

-Bollen hade ner den.

-Och du sparkade bollen ...

-Ja.

-... fast du inte får göra det inne?

-Jag glömde det.

Mamma suckade och sa ”gå ut så ska jag ta upp det här och kom nu ihåg varför du inte ska sparka boll inne”.

På kvällen, då pappa kommit hem, sades ingenting om koppen och jag visste inte om mamma berättat eller inte. Pappa kanske inte märkte den tomma platsen, där koppen brukade stå, men i mina ögon lyste tomheten nästan bländande.

Dagen efter var jag inte längre igång med bollen, utan lekte lite annat. Tröttnade väl rätt snart och jag förmodar att jag gick in och gnällde lite inför mamma, ungefär som ”jag vet inte vad jag ska göra.”

-Ta och lek med bollen, det var ju kul hela dagen igår.

-Nää ..

-Varför det?

-Jag vill inte.

-Men .., varför?

-Det är inget kul.

-Varför det, helt plötsligt. Var är den? Har du slarvat bort den?

-Nää ..

-Jamen .. , mamma förstod inget. Hämta den!

-Nej, jag vill inte.

Mamma, som nu tyckte att det hela blivit allt konstigare, envisades och till slut kom bollen fram. Utan studs. Den låg livlös på golvet.

-Har luften gått ur?

-Ja.

-Vad har hänt?

-Den är trasig.

-Få se .. , mamma tog bollen och hittade genast några hål i gummit. Förbryllad tittade hon på sin lille son.

-Hur har det här gått till?

Den lille sonen tittade länge på den livlösa bollen innan han svarade med nästan ett viskande.

-Det var .. mm .. Ove!

-Har Ove haft sönder bollen?

-Ja, med en spik.

-Håå .. , en utdragen pustning undslapp mamma, medan hon tänkte ”jävla unge, det här ska Sture få veta.”

Dagen gick och mamma gjorde sina vanliga sysslor, hela tiden med en irritation över Oves tilltag.

Så kom pappa hem. Mamma dukade fram middagen, medan hon berättade om Ove, spiken och den trasiga bollen. Pappa, som var både hungrig och trött, blev ursinnig.

-Ta hit bollen, sa han sammanbitet och med den i näven gick han ut genom dörren.

-Vart ska du? Mamma frågade, egentligen i onödan.

-Ja, vart fan tror du? Bolljäveln blir väl inte hel, men Rosengren ska i alla fall få reda på vad hans satans unge har gjort.

Snart kom pappa tillbaka utan boll. Han satte sig tungt vid matbordet och började lägga upp mat åt sig.

Mamma hade min lilla syster i knät och matade henne.

Själv åt jag potatis och sås. Jag petade bort köttbitarna, som jag ofta kväljdes av.

Detta med köttätarproblemet hade för övrigt varit något som oroat mamma, men hon hade lugnats av mormor: ”Pojken dreck´ ju mjölka. Int´ behöv du va´ orolig.”

-Vad sa Rosengren, frågade mamma efter en stund, då hon sett att pappa lugnat ner sig.

-Han var inte hemma, men jag gav hans käring bollen och sa att här kan du se hur duktig Ove är.

-Vad sa hon då?

-Det vete fan. Jag gick direkt, för jag var så förbannad.

Middagen tog slut och det ringde på dörrklockan. Mamma reste sig och gick ut på balkongen för att besvara ringningen. Från balkongen kunde man titta ner mot entredörren och se vem som ringt på. Hon kom snabbt in igen.

-Det är Rosengren. Han vill prata med dig.

Pappa reste sig, öppnade dörren och travade ner de två trapporna till ytterdörren.

Mamma och jag väntade spänt. Lillasyster plockade obekymrat med några gamla tidningar, som var trevliga att riva sönder och skrynkla till.

Så kom pappa upp. Han gav mig en lång blick utan att säga någonting och jag kände ett krypande obehag så liten jag var.

-Men säg nå´nting då, sa mamma otåligt.

-Det var inte Ove.

-Va, men …

-Ove har varit med Rosengren i lastbilen hela dagen, från klockan sex i morse till klockan sex nu i kväll.

Pappa tystnade en kort stund, men fortsatte:

-Jag har, jävlar i mig, aldrig känt mig så dum.

-Var Rosengren arg?

-Nej, han var kolugn och .. ja, fan, han sa att ungars fantasi kan bli tokig ibland. Och jag bara stod och stammade och kände mig som en idiot …

-Sen då?

-Ääh, jag bad om ursäkt förstås och då sa han att det inte var så farligt. Han sa att han förstod att jag blivit tvärförbannad och så sa han att nästa gång kan det vara Ove som skyller på Ingemar.

-Sa han verkligen så?

-Ja, han var för jävla hygglig och så klappade han mig på axeln och sa hej. Kvar stod jag och kände mig som en åsna ... , men en sak är säker: Aldrig mer ska jag klaga eller skälla på nå´n efter att ha lyssnat på ungar!

Pappas blick var hela tiden som inborrad i mig.

-Men Ingemar sa ju, att Ove ...

-Ja, han gjorde det.

Det krypande obehaget började pressa fram tårar i mina ögon

-Du hade sönder bollen själv, va? Pappas fråga var ett påstående.

-Ja, pep jag ynkligt med darrande underläpp.

-Varför?

-Jag ville se vad som fanns inuti.

-Det var som fan. Säger du det? Och vad fanns det?

-Ingenting.

-Jo, sa pappa, det fanns luft. Man stoppar in extra mycket luft i bollen innan man liksom stänger till. Det gör bollen lite hårdare och därför kan den studsa. Om man gör hål i bollen åker extraluften ur och då studsar inte bollen längre.

-Mmm.

Jag förstod och hade redan anat sammanhanget, när den något komprimerade luften i bollen med en pust for ut genom första hålet, då spiken trängde igenom gummit. Då jag gjorde det andra hålet med mycket större möda och det inte kom någon ny pust, förstod jag att det som hände, det hände vid första hålet.

Ytterligare en stund gick. Mamma diskade, slamrigare än vanligt och Ingegärd, min lillasyster, hade somnat i en hög av sönderrivna, tilltufsade tidningspapper. På händerna och här och där i ansiktet hade trycksvärtan lämnat tydliga spår. Pappa satt nedsjunken i en fåtölj och jag anade att en fortsättning måste komma, vilket den också gjorde.

-Egentligen ger jag fan i om du har sönder din egen boll. Är du så jävla dum, får du skylla dig själv och se´n vara utan boll, för du får ingen ny... Men du får, jävlar i min själ, aldrig ljuga. Och särskilt får du inte ljuga på andra. Såvitt jag vet, var det här första, och jag hoppas sista, gången du ljuger, så ...

Orden stockade sig lite för pappa, men han fortsatte:

... annars jävlar hade du åkt på en dagsedel, som du aldrig skulle komma att glömma. Förstår du vad jag säger?

Utan att riktigt förstå innebörden av ordet ”dagsedel” nickade jag tyst och salta tårar letade sig in i mungiporna. Pappa fortsatte, i det han lyfte upp mig i knäet, med en mening i taget med pauser emellan, liksom för att ge utrymme för svar eller eftertanke:

-Du måste stå för vad du gjort...

-Dumheter kan alla göra ...

-Om du talar sanning och ångrar dig, är det lätt att förlåta ...

-Skyll aldrig ifrån dig ...

Och sedan, till slut:

-Förstår du vad jag menar?

Jag nickade igen, slog armarna om pappas hals och viskade ”förlåt.” Mamma, som snörvlande hade åhört alltsammans i köket, kom ut, föll på knä bredvid fåtöljen och omfamnade sina ”karlar”. Den lilla gruppen på tre känslorivna individer förblev tysta i omfamningen, tills det prasslade och högljutt snarkade till i tidningspappershögen, då lillasyster vände sig i sömnen.

Med lite rödgråtna ögon släppte mamma omfamningen för att ta hand om Ingegärd och pappa tittade mig i ögonen och sa grumligt:

-Om man har det fattigt och jävligt fast man sliter och står i, kan man inte hjälpa. Men om man ändå är hel, ren, hygglig och ärlig kan man alltid vara stolt.

Jag var liten, men förstod ändå budskapet tydligt. Så tydligt att jag teg om den, som förlett mig att ljuga. Min kusin, Anita, hade gett mig ”rådet” att säga att det var Ove. Så liten jag var, kände jag att det vore helt fel att skylla på Anita, även om det var en betydande del av hela sanningen.

Men det spelade ingen roll, inte då och inte sedan. Man är ändå alltid själv ansvarig för vad man säger och gör.

Några dagar senare stod dopkoppen på sin plats igen och jag såg genast att den var ihoplimmad. Andlös väntade jag sedan på pappas hemkomst från arbetet.

Han kom och allt var som vanligt, utom att jag till slut inte stod ut längre:

-Pappa.

-Ja.

-Har du lagat koppen?

-Jag limmade ihop den så gott det gick.

-Den blev fin.

-Tycker du?

-Ja.

-Den duger, men det var viktigare att du inte ljög för mamma, när du haft sönder den.

FÖR TIDIGT VUXEN

Pappa var fjorton år 1931. Hans pappa, min farfar Gustaf, insjuknade i något jag inte vet och togs in på sjukhus. Där tillstötte lunginflammation och min farfar dog och lämnade farmor med tre söner i torpet Hagsätra söder om Stockholm.

Torpet var ett av flera, som tillhörde Älvsjö Gård* och arrenderades ut till hugade "månskensbönder". De övriga torpen var bland andra Snösätra, Rågsved, Ormkärr och Lillhagen. Wisätratorpet hade övergått till att bli banvaktsstuga där Huddingevägen korsade Nynäsbanan och torpen Bjursätra och Fagergren visste pappa inte hur det stod till med och därmed inte jag heller.

Månskensbönder ...

Torpen var inte tillräckligt stora, åtminstone på 1900-talet för att försörja en familj, så torparen själv var tvungen att ha ett annat jobb också och sedan, då den arbetsdagen var avslutad, hugga i med sysslorna på torpet. Kväll var det då och ibland natt, därav kom uttrycket "månskensbonde".

\) Älvsjö Gård är den gula byggnaden man ser på höger hand, då man går nedför backen från Älvsjö station (pendeltåget) till Stockholmsmässan.

Första gångerna jag hörde uttrycket var jag inte så gammal, kanske tio år och då tyckte jag det lät romantiskt och tjusigt och jag, som älskade djur och natur och dessutom var en fantasifull drömmare, tyckte att det var något att hoppas att bli. Senare har jag förstått att den romantiska beteckningen snarare står för något väldigt slitsamt, en arbetsdag på kanske 13-15 timmar.

Farfar jobbade i farbror Hermans, sin brors, smedja. Där jobbade han dock mest med bilreparationer. På 1920-talet fanns det knappast några bilverkstäder, så de, som lagade det fåtal bilar som ändå fanns, var diverse självlärda tekniska "förståsigpåare" i olika verksamheter, såsom smedjor, mekaniska verkstäder med mera. Till och från jobbet körde farfar firmans lastbil, vilket var en stor ovanlighet på den tiden och var på sitt sätt något som pappa och hans två bröder, Tosse och Kalle, var stolta över.

Min pappa, konfirmand, kanske 15 år

Samma år som farfar dog, slutade pappa folkskolan och började på yrkesskola för att lära till rörmokare. Han var då fjorton år och hade gått ut sjunde klass.

Farfars frånfälle blev inte bara sorgesamt. Det blev också betydligt kärvare ekonomiskt och pappa fick delvis axla ansvaret som månskensbonde. Farmor jobbade med det hon gjort tidigare; hon skötte och tog hand om det torpet gav dagligen: Ägg från 25-30 höns, potatis och andra rotfrukter från egen odling samt mjölk från 6-7 kor. Därtill kom de vanliga sysslorna för kvinnor vid den tiden, såsom handtvätt av allt som behövde tvättas, matlagning, bakning, städning, barnomsorg och inte minst att sticka, stoppa, sy, lappa och laga för att hålla nere klädkontot.

De uppgifter pappa fick ta på sin "fritid" var att hugga ved, laga stängsel, köra fram ett hölager till lagården från någon lada, göra enklare smidesjobb i torpets smedja, ja, allt möjligt som farmor under en dag upptäckt behövde åtgärdas och som hon själv inte hann eller kunde.

Pappa som 14-årig smed?

Ja, farfars månskensbondeskap innebar också kvälls- och helgjobb i den lilla, men välbyggda smedja, som fanns på torpet. Åtskilliga beställningsjobb fanns för Hagsätratorparen, då han kom hem från jobbet i broder Hermans smedja i staden.

Pappa hade tidigt börjat se på, lite fascinerad av elden, det glödande järnet och de tunga hammarslagen. Så småningom kunde han börja hjälpa till och han lärde sig på så sätt en del efterhand. När så farfar oväntat och tvärt dött, kunde pappa klara enklare beställningar och vartefter tiden gick blev han allt bättre utan att ändå bli smed "på riktigt".

Under sju år sedan farfar dött, levde familjen på torpet och av vad detta gav. På dess marker tog man ved för uppvärmning och till smedjan, man odlade lite spannmål samt slog och tog in hö för vintern till korna och hästen. Även åt Mulle, tjuren, som på ett icke ringa sätt bidrog till familjens försörjning.

Mulle var aktad och uppskattad vida omkring för sin virilitet och förmåga att lyckliggöra traktens brunstiga kvigor. Hans kalvar var alltigenom präktiga djur och farmor hade bra inkomst av hans aldrig sinande lust.

Pappa i yrkesskolan, tvåa från vänster i främre raden bland eleverna.

Barnen fick dock aldrig se på när Mulle fullgjorde sina plikter. Farmor, som var mycket pryd, ansåg att detta var direkt olämpligt för barnaögon, på gränsen till skadligt, för att inte tala om hur oanständigt det var.

-Det var därför jag trodde på storken tills jag var 10 år och Kalle föddes, sa pappa en gång. Han, som hjälpte oss tidvis som dräng, fick lov att berätta hur det var, efter att jag kommit hem och blivit utskrattad i skolan. Jag hade berättat i klassen att storken kommit med Kalle ...

Mulle var också en mycket snäll och godmodig tjur, på sitt sätt en svensk ”Tjuren Ferdinand”. För att hålla honom på gott humör, gick han i hagen bland korna och trivdes och där var han utan nosring eller andra hämmande attiraljer. En tjur, som var både lidelsefull och beskedlig ... och sällskapssjuk:

En kväll hade farmor tagit in korna för mjölkning som vanligt och Mulle fick gå ensam i hagen och trampa. Denna kväll hade dock Rågsved, granntorpet, sina kor ute på sin del av Långängen, alltså helt intill Hagsätrainhägnaden, där Mulle trånsjukt väntade. Pappas lillebror, Kalle 6 år, satt i gräset i kohagen och kunde bestört åse då Mulle beslutsamt spatserade fram till stängslet som åtskilde Hagsätra och Rågsved. Väl framme stack han in huvudet under stängslet och lyfte upp alltsammans så både taggtråd och stolpar fladdrade högt i luften.

Sedan släppte han ner hela härligheten i ett virrvarr på marken och promenerade lugnt över till Rågsvedskorna ... Han var dock inte svår att övertala att återvända då hans egna kossor kommit ut igen, nymjölkade.

Detta om Mulle, som var en väldigt speciell tjur och profil på Hagsätra, vilket jag förstått efter att genom åren hört såväl farmor som hennes söner berätta.

Man levde alltså av vad torpet gav i sju år. Under särskilt arbetsamma perioder fick farmor hjälp av sina bröder eller av sina svågrar. Barnen och särskilt pappa, fick hjälpa till efter förmåga. Redan som fyraåring fick lille Kalle följa med sin tioårige bror Tosse och valla korna, så att de inte gav sig ut i sädesåkern. Från fem-sex-årsåldern var Kalle ofta ensam i detta värv.

Förutom pappas arbetsinsatser på torpet, bidrog han med lite slantar, så kallade ”flitpengar”, som han fick under praktikperioderna på yrkesskolan. Han gick där i två år och kunde sedan kalla sig rörmokare. Yrkesskolan var upplagd så att man gick halva terminen i skolan och andra halvan var man ute på praktik. Efter således fyra skolperioder och fyra praktikperioder var han 1933 redo att ta sin första riktiga anställning och då var han sexton år.

Direkt på sommaren började pappa som rörmokare i utbyggandet av Barkarby flygfält. Det var en lång resa dit och hem och hans månskensarbete blev ofta väldigt sent. En dag, inklusive arbete och restid, kunde lätt bli upp emot sexton timmar. I genomsnitt kanske tretton, fjorton?

I byggsvängen på den tiden jobbade man inte på vintern. Cirka fyra månader om året fick man gå utan lön och försöka dryga ut kassan med diverse påhugg, som till exempel i snösvängen. Under de åtta månader på året som man jobbade hade man förhållandevis bra betalt och detta var naturligtvis med hänsyn till den kommande magrare perioden.

Pappa hade, efter Barkarbytiden, ett antal olika byggjobb här och där. Han blev också formellt ”familjeförsörjare” redan 1933 genom sin anställning och av den anledningen fick han uppskov men sin värnplikt 1936-37, då han skulle gjort ”lumpen”.

Året 1938 gav man upp Hagsätra. Torpet såldes förstås inte, det ägdes ju av Älvsjö Gård, men man sålde djuren och en del av bohaget.

Köparen var, naturligt nog, den nye arrendatorn.

Flyttresan var inte lång. Fågelvägen kanske 3-400 meter till Högdalsvägen 40 (nuvarande Gamla Magelungsvägen 60), där man fick hyra en trång stuga på en tomt, vars huvudbyggnad var en betydligt större och stiligare villa. Stugan, man flyttade in i, var inte vinterbonad, så på det sättet var det tur att det var trångt. Vintrarna under andra världskriget är ju kända för att ha varit mycket kalla och det var det minsann även i stugan på Högdalsvägen, där det ibland bildades en isskorpa på vattenhinken i köket nattetid.

Trängseln i stugan kom dock snabbt att avta. Farmor, som nu inte behövde slava som torparmora, tog arbete i en livsmedelsbutik. Fick arbete, är väl ett korrektare uttryck, då det vid den här tiden inte var lätt att få ett sådant. Hon var emellertid väl känd i Örby, som en idog och ansvarskännande person, idealisk att anställa.

I och med detta befriades pappa från rollen som familjeförsörjare, vilken han haft i fem år. Detta innebar i sin tur att han omedelbart inkallades till att göra sin värnplikt och då var han 21 år.

Pappa ”muckade” 1939, samma år som andra världskriget bröt ut. Han återgick till sitt rörmokeriarbete och kunde nu för första gången disponera en del av sin lön själv, varpå han köpte sin första bil, en väl begagnad T-Ford, och det var något han längtat efter sedan han blev 18, ja, redan tidigare egentligen.

Farmor, den viljestarka, tyckte att stugan var väl usel för dem. De hade nu ändå en viss inkomst, då hon själv och både min pappa och broder Tosse jobbade. Endast Kalle behövde försörjas, han var 1939 ännu bara tolv år och gick i skolan. På senhösten detta år hade farmor ett förslag, som skulle visa sig vara nära nog ett krav, en order ...

-Det är ett stort hus till salu på Flensvägen, som jag tycker du ska köpa, sa farmor till pappa. Huset är rätt billigt, därför att mycket arbete återstår att göra både på tomten och invändigt. Källaren är inte iordninggjord alls och ett par av rummen saknar innergolv och väggarna i de rummen har varken färg eller tapeter.

Pappas vänner, bland andra min mamma, som lite innan den tidpunkt då farmor uttryckte denna sin ”önskan”, blivit hans flickvän, avrådde honom, ”då kommer du att ha morsan rännande efter dig hela livet.

Det är ju för tusan en tvåfamiljskåk! Hon har nog tänkt ut det, ska du se".

Pappa var, som alltid, snäll och foglig och farmor var envis som synden. På vintern 1940 köpte pappa villan på Flensvägen 13 och familjen kunde flytta in. Pappa använde nästan all sin arbetsfria tid i februari och mars till att färdigställa det mesta invändigt.

Under denna tid kom farmor med ett nytt "råd" till sin äldste son, villaägaren och upplåtaren av bostad till henne:

-Jag har sett ett jobb utannonserat i Stockholm Stad som kommunalarbetare. Det passar säkert dig, som kan det mesta av praktiskt arbete och då får du ju lön hela året. Lönen är lägre förstås, men det är ju en säkrare anställning.

Även denna gång fogade sig pappa i sin mammas "förslag" och tog ett nytt jobb, som han kom att vantrivas med hela livet. På eget (!) initiativ bytte han ut sin gamla, uttjänta T-Ford mot en endast ett år gammal Opel Olympia årsmodell-39. Detta gjorde han i samma veva som han köpte huset. Då jag skriver detta, slår mig en tanke: Köpte han den nya bilen som någon sorts miniprotest, för att ändå på något sätt visa självständighet? Om han gjorde det, inbillar jag mig att det säkert var omedvetet. Han var alltför snäll för att medvetet "göra en massa dumheter."

Lillebror Kalle, som jag pratade med vid jultiden 2003 om gamla tider, berättade då att "morsan ville aldrig prata om tiderna som gått, inte om sorgen efter farsan och inte om hur det var att klara familjen och inte om hur hon då tänkte om framtiden ... Hon sa bara att 'det är inget att prata om'. Strax efter att vi flyttat in på Flensvägen var vi ju mycket ensamma i den undre lägenheten, morsan och jag, och då ville jag prata, veta ... Jag var väl ungefär 14 år och hade väldigt vaga minnen av farsan, bland annat. Men det var som att snacka med en vägg ... "

Efter en kort tystnad fortsatte Kalle:

-Tosse försvann hemifrån i stort sett direkt. Han ryckte in i lumpen 1940 och muckade –41 och strax efteråt gjorde han Märta med barn. Sedan han haft ett snack med farsan Pettersson, förstod han vad som gällde och han gifte sig 1942 och flyttade in i en lägenhet på Sockenvägen 365.

Då förresten, fortsatte Kalle, förekom de enda riktiga grälen mellan mina äldre bröder, som jag kan minnas. Tosse var imponerad av nazisterna och skulle nog fan ha röstat på dem om det varit val och möjligt. Stubben, ja, far din alltså, var så tvärt emot allt vad fascism hette, som det nå´nsin gick. Jag minns att det var ett jävla käftande och bråk.

Mot slutet av kriget var det inte så tjusigt med nassarna längre, särskilt sen man fått reda på det där med koncentrationslägren ... Men Tosse tog aldrig tillbaka nå´t. Han var inte sån. Hans eventuella ursäkter fick man förstå ändå. De var väldigt olika till sättet, mina brorsor.

Kalle och jag teg tillsammans en stund medan Kalles fru ”Guje”, höll till i köket.

Så skrattade han till och sa:

-Du vet att föräldrarna dina gifte sig i din morsas hemkyrka i Bjärtrå?

-Ja ... ?

-Vet du hur vi åkte dit?

-Nej.

-Brorsan och Ester och jag tog med oss våra cyklar på båten från Stockholm till Härnösand. Sedan cyklade vi resten ...

-Åh, fan, inte i bröllopsstassen, väl?

-Nej, den var nedpackad, men ändå ...

I PANNAN PÅ INGER

Min kusin, Anita, bodde två hus ifrån mig. Det var hon som var dagbarn hos min mamma. Granne med oss, längs Flensvägen, bodde farbror och tant Norr med sina döttrar, Inger och Birgitta. Farbror Norr körde spårvagn inne i staden och tant Norr var hemma med barnen, som var vanligt på den tiden.

Ett undantag till det vanliga hemmafruandet var Anitas mamma, faster Märta, som jobbade på Postgirot.

En dag var vi ett antal barn, som samlats på Anitas tomt. Ingen var hemma förstås och vi lekte kurragömma. Fem tomter var det vanliga lekområdet och så var det även denna dag. Tomterna var, förutom min och min kusins, tomten däremellan, Carlssons och så Norrs och dessutom en ödetomt som gränsade till allas utom min.

Ibland var en sjätte tomt med i lekområdet, Rosengrens, som låg bortom Norrs.

Hur gamla var vi? Jag tror, att jag var åtta och då var barnaskarans deltagare mellan fem-sex och nio år gamla.

Den, som blev hittad först och "dunkad" fick "stå", det vill säga leta efter de andra, nästa gång. Eftersom det var roligast att smyga och att gömma sig, var det ett klart nederlag att åka dit först. Allra finast var det att smyga sig fram och dunka sig själv utan att bli upptäckt.

Vi utvecklade också vår kurragömmalek med tiden. För att man verkligen skulle anstränga sig att dunka sig själv före den som stod, kom vi på att ge en poäng till den som lyckades. Den, som hade mest poäng då vi tröttnat för dagen, hade vunnit denna gång. Men det var ändå ingenting man yvdes över. Det var glömt stunden efter.

Då många av oss ganska tidigt visade tävlingsiver, var vår uppfinningsrikedom stor. Att få en poäng var viktigt under lekens gång och det kunde bli väldigt segdraget och lite trist för dem som hittats och fick vänta på nästa omgång, ibland väldigt länge.

När vi var så pass gamla att vi alla gick i skolan, någonstans mellan sju-åtta till elva år, kom någon på att den som dunkade sig själv först fick tre poäng, den därnäst två och nästa en. Därefter var det ”fritt fram” och så började vi om.

Vi tävlingsälskare, dit jag själv hörde, kom snart på att gömma oss långt bort och vid gömmandet också rekognoscera en bra löpväg till dunkstället. När man så blev hittad eller valde att störta iväg i vild galopp, var chansen att hinna först stor.

Den bland många tillämpade regeln att den, som stod, fick stå igen om någon dunkade sig själv, tog vi tidigt bort. Den regeln fördröjde leken oerhört, därför att den som stod blev så feg att han eller hon inte vågade ta så många steg från dunkplatsen.

Nej, vår variant var bra, tyckte vi. Det var fart och fläkt och den som stod kunde vara väldigt aktiv, utan egentlig risk att behöva ”stå om”.

Den dagen jag skulle berätta om, kunde ha slutat mycket illa. Efter att ha lekt vår kurragömmalek, var det någon som hittade en piltavla med tillhörande kastpilar under trappan till min fasters och farbrors hus. Entredörren var dunk-stället.

Piltavlan hängdes upp i ett träd och de, som dunkats och väntade på nästa omgång i kurragömmaleken, turades om att kasta pil. När pågående omgång kurragömma avslutats med ”fritt fram”, ville alla pröva att kasta.

Kurragömmaleken glömdes och pilkastandet var kul en stund. Uppfinningsrikedomen började göra sig gällande och någon kom på en variant, ”vem kan kasta pilen högst upp i luften?”

Vi tävlingsinriktade såg snabbt till att greppa varsin pil.

Där stod vi, hela kurragömmagänget, kanske tolv barn. Fem av oss, bland annat jag, hade varsin pil i handen. Jag kan, tror jag, påminna mig att jag tänkte, att ett ”tjejkast” är nog bäst, då ”är det lättast att få pilen att gå rakt upp.” För oerfarna läsare kan jag idag berätta att ”tjejkast” var att man svingade kastarmen nedifrån och uppåt och alltså inte bakifrån och framåt.

Klara, färdiga ..., kast!

Någon var utsedd att kommendera de samtidiga kasten.
Fyra stycken kastade för oss grabbar ”vanliga” kast och deras pilar beskrev en hög, vacker båge och landade på en gräsmattsplätt tre, fyra meter bort. En pil, från den som kastade ”tjejkast”, gick rakt upp i luften ovanför hela klungan av väntande barn, vände sedan och störtade tillbaka mot marken. Dessvärre också emot klungan av uppåtvända barnansikten.

Den ”tjejkastande”, det vill säga jag, skrek högt, då jag insåg hur det kunde sluta och alla mina kompisar rusade åt alla håll. Alla utom Inger. Hon följde lugnt pilens bana med blicken och så ... smack ..., satt den i pannan på henne, en centimeter ovanför ena ögat.

Vi stod alla som paralyserade några sekunder efter ”fullträffen”, men väcktes av Ingers illtjut: ”Ta bort den!!!”

Jag stod närmast och ryckte ut pilen, där den satt, anklagande pekande mot mig ovanför hennes uppspärrade ögon. Meddetsamma såg jag i pilhålet bara en vit botten, som dock fylldes med mörkt rött blod, dock inte särskilt mycket. Det var knappt så det orkade åstadkomma en liten blodrand mot ögonvrån.

-Mamma, skrek Inger gällt och upprepande, medan hon sprang snett över kurragömmaområdet emot det trygga hemmet.

Vi andra stod kvar, lite lamslagna men en aning klokare. Kalle Ramström tolkade både stämning och lärdom:

-Fan, va´ nära. Vilken tur du hade. Tänk ... om ... Nästa gång kastar vi bara på tavlan.

-Man får inte svära, sa Birgitta Norr och skuttade hemåt för att se hur storasyster mådde.

Själv mådde jag lite dåligt, även om jag var lättad över den, trots allt, lyckliga utgången av tillbudet. Jag visste, att mamma Norr var lite hysterisk av sig och fruktade en svårförklarad stund. Inger, som egentligen inte hunnit fatta riktigt vad som pågick, innan pilen som en missriktad fyrverkeripjäs slog ner i pannan på henne, hade skrikit som en mistlur både länge och väl och fru Norr hade egentligen bara uppfattat ”pil” och ”Ingemar” ur hennes konsert.

När hon väl plåstrat om stackars Inger, kom hon sedan som ett brev på posten och ringde på och min olyckliga mamma fick åhöra hur jag jagat Inger med pilar i näven och kastat och träffat henne ”nästan i ögat!”

Det hade Inger aldrig sagt, men en nervös mamma till en skadeskjuten dotter, som bara vrålar, kan nog få ihop vad som helst.

Min kusin Anita, sju, som själv normalt inte var särskilt noga med sanningen, var i alla fall inte feg och skyndade med en hjältinnas mod till min undsättning.

-Du ljuger, tant Norr, så var det inte ...

Anita berättade sin variant, som den här gången var tillräckligt lik min för att jag skulle hålla med. Mamma trodde mig och Anita utan att säga det direkt till fru Norr, som, fortfarande uppskärrad, återvände till hemmet.

Dramat slutade med att farbror Norr, den lille fyrkantige spårvagnsföraren, fram emot kvällningen ringde på. Han sa i vanliga fall inte så mycket, bara nickade åt alla, log och knallade på med sina korta ben.

-Jag måste bara säga, att det var en olycka med lycklig utgång. Det är lugnt nu. Ove har berättat för Rosengren, som jag träffade innan jag kom hem och Inger, som inte riktigt uppfattat att leken ändrats till något annat, har så pass mycket klart för sig att Oves historia säkert är sann.

Jag minns att jag sände en varm tanke till Ove och erinrade mig samtidigt att han aldrig gjorde något elakt eller ljög.

Idag inser jag att Ove var den bästa av vänner, men han blev aldrig tillräckligt nära vän med någon, vad jag vet. Jag undrar nu varför. Var han ”för snäll”, ett uttryck som jag för övrigt avskyr.

Jag skulle väldigt gärna träffa Ove igen och berätta vad han indirekt betytt för mig. Jag hoppas innerligt att det gått bra för honom.

PAPPA - JULTOMTEN

Min farmor, som bodde i lägenheten under vår i tvåfamiljsvillan, hade också sina två andra söner på nära håll. Den näst äldste, farbror Tosse, bodde i huset närmast bortom vår ena granne. Farmors yngste, Kalle, bodde tvåhundra meter bort åt ett annat håll.

Jularna firade farmor ihop med sönernas familjer. Det blev ett matfrossande utan like i dagarna tre, julafton, juldagen och annandag jul. Fram till jag var nio år, hade Kalle ingen familj och då var farmor värd för en av de tre frossardagarna och de äldsta sönerna för de andra två. Sedan, när Kalle hade skaffat sig en egen familj, blev de tre sönerna med familjer frossaransvariga för varsin dag.

Kalle, förresten, honom har jag aldrig kallat ”farbror” trots att han ju är min pappas bror i likhet med farbror Tosse, och att denna titulatur var inte bara vanlig på den tiden, den var nästan obligatorisk. Jag undrar nu efteråt om det berodde på att han var ogift så pass långt in i mitt liv. Eller, vilket nog är troligare, se annat kapitel i denna bok.

Julmat i massor, brännvin och cigarettrök minns jag väl. Jag minns också att det alltid var trevligt. Ingen föll ur ramen, så att säga. Ibland drog någon diskussion iväg så att det skulle ha kunnat bli gräl, men det gick aldrig så långt. Oftast var det farbror Tosse som hade avvikande mening och därmed skapade diskussionen. Han hade fått gå i skolan lite mer och bättre än sina bröder. Därvid hade han tagit realexamen och sedan fått jobb på kontor inom speditionsbranschen. Som kontorist, så kallad tjänsteman, var han inte klassad som arbetare, varken i andras eller egna ögon och därmed hade han ”övergett” socialdemokratin och röstade med Folkpartiet.

-Du är ju ändå för höge Farao lik förbannat löntagare, sa pappa med samma intensiva eftertryck varje gång en politisk diskussion kom igång. Pappa diskuterade egentligen aldrig sakfrågor, för honom var politik en helt igenom ideologisk fråga. Han hade bara ett alternativ eller kanske det är korrektare att säga att han inte hade något alternativ. Han var och förblev socialdemokrat. Det var i grunden inrotat. Mycket senare, då jag själv blivit vuxen med marginal, kanske trettiofem, minns jag att jag hade en synpunkt på något i valrörelsen och undrade vad han tyckte i frågan.

-Det vet jag ingenting om, svarade mig pappa, då jag uttryckte min fundering.

-Jaha, men det är ju en stor och viktig fråga, hur ska du rösta om du inte vet någonting, undrade jag då.

-På sossarna, förstås, sa pappa.

-Jamen, du har ju ingen uppfattning om den här frågan, fortsatte jag lite tjatigt provokativt.

-Jag vet väl för fan var jag hör hemma, svarade pappa och därmed behövdes ingen mer diskussion.

Jultomten kom alltid innan det var dags att äta, det vill säga ungefär klockan tre. Han hade ett paket till varje barn, resten av paketen låg under julgranen för utdelning efter maten.

När Kalle Ankas Julparad gjort sitt intåg i de svenska hemmen med programstart klockan tre, kom tomten en halvtimme tidigare, vilket var ovanligt lägligt för barnen. Då hann de med både tomten och Kalle Anka. Min pappa hann också med Kalle Anka, vilket roade och var viktigt för honom, men han missade alltid att träffa tomten.

Långt innan Kalle Anka börjat sätta sin prägel på svenskt julfirande, då jag var kanske fyra-fem år gammal, hade min kusin, farbror Tosses dotter Anita, en på gränsen till hädisk synpunkt, när tomten tackat för sig och gått sin väg.

-Tomten hade farbror Stures ögon, sa Anita misstänksamt.

Detta skojades bort av alla. Även jag bortförklarade detta sinnesförvirrade uttalande så mycket jag kunde, för jag hade inte sett annat än att det var den riktiga tomten som varit på besök.

Den tvivlande Anita lät sig nöja den gången. Året efter, däremot, blev en riktig prövning för de rättrogna. Tomten kom som vanligt och höll sin föreställning. Jag var, som tidigare, helt förblindad och såg bara vad jag ville se. Anita såg en massa annat.

-Tomten hade farbror Stures ögon igen, sa hon och fortsatte:

-Han hade farbror Stures klocka och skjortärmar också … och röst!

Anita hade, tack vare sina starka misstankar, noga iakttagit den intet ont anande tomten.

Men den rättrogne, det vill säga jag, hade varken sett eller hört något av detta.

För mig var det Tomten, den äkta, den enda, den riktiga och ingen annan, som varit på besök.

De vuxna, de som, i detta fall, buro falskt vittnesbörd, ansträngde sig till det yttersta för att omvända den kätterska Anita och att stödja mig i min tro. Så småningom slutade hon att envisas, men det berodde nog mest på att hon gav upp argumentationen. Tillfälligtvis ...

Hon var inte övertygad. Långt därifrån.

Det kom också att visa sig under det kommande året att hon inte gett upp. Hon var liksom inte den typen som gav upp. Det året, när skolan började i augusti och det var dags för oss att inträda i dess bildande verksamhet för första gången, var hon helt övertygad om tomtebluffen. I skolan fick hon också bekräftat av både jämnåriga och äldre tvivlare, att tomten egentligen inte fanns.

Inför den stundande julen var argumentationen från Anita så övertygande och envis att till och med jag, den lättrogne, motvilligt börjat ge henne rätt.

De vuxna kapitulerade och medgav det faktiska förhållandet. Hemma hos mig höll utvecklingen på att ta en katastrofal vändning.

-Nu, när ni vet alltsammans, är det väl ingen idé att pappa är tomte längre, sa mamma en dag strax före jul.

Det måste ha svindlat för mig, då denna hennes slutsats slog ner som en bomb. Detta var något jag absolut inte räknat med. Jag minns hur jag kände liksom en kall hand gripa tag om hjärtat: En jul utan tomte!

-Jo, pappa måste vara tomte!

-Anita kanske inte vill?

-Jo, hon vill!

Därmed var det slutresonerat om detta. Pappa förblev tomte. Kalles barn var 12 och 13 år yngre än Anita och jag, så pappa fick fortsätta att tomta, även om hans egna barn var näst intill vuxna. När det sedan började bli på gränsen med tomtandet även för Kalles barn, blev jag, endast 19 år gammal, pappa till en liten tös. Tomten fick alltså barnbarn, som det skulle tomtas för. Vid den tiden skulle man vara väldigt försiktig om de små liven och inte riskera att skrämma barn med konstiga saker. Min mamma var nu pälssömmerska och gjorde både skägg och ögonbryn i pälsskinn av vit skogshare. Det var nog det mjukaste och lenaste tomteskägg som funnits och dessutom var skråpansiktet borta.

En röd dräkt, en röd luva och vit harpäls i ansiktet ... Med pappas varma blick såg tomten väldigt snäll och godmodig ut. (Se bild sid 105)

För att ändå inte riskera att skrämma min lilla dotter, berättade jag för henne att ”tomten kommer snart med några julklappar till dig. Han är väldigt snäll och ... vet du ... det är farfar som klätt sig tomtefin.”

Trots avslöjandet i förväg var lilla dottern helt fascinerad av tomten och hon njöt i fulla drag av uppvaktningen. Hon satt i tomtens knä och pratade halvt obegripligt och kände gång på gång på det lena skägget. Farfar tomte gjorde succé.

På den vägen var det, år ut och år in. Fem år senare kom tomtens barnbarn nummer två och ytterligare fem år senare nummer tre och fyra, syrrans första, nästan samtidigt.

När jag var 36 hade pappa varit tomte 37 jular i rad. Trots att vi bott i Västmanland de sista tio jularna gav han inte upp. Tvärtom, han utvecklade tomtandet till en föreställning, som var både hjärtknipande och spännande.

Med stallykta i handen kom han pulsande i snön över närmaste gärdet, där vi bodde i den västmanländska landsbygden. Den flämtande fotogenlågan syntes i mörkret där den rörde sig över den vita snön. Så kom den så nära att tomtegestalten kunde skönjas och så småningom var han framme och bankade på dörren till barnens förtjusning.

Han delade ut några julklappar och tog några skedar tomtegröt, vilket gick bra genom harpälsskägget. Genom ett skråpansikte hade det varit omöjligt. Så tackade han för gröten och måste ”kämpa vidare till andra snälla barn”. Han önskade alla lycka till fram till nästa jul och gav sig ut på den snöhöljda åkern igen och försvann.

Det var som i en sagobok. Barnen var förtjusta och tyckte att allt var spännande, trots att de visste att det ”bara” var farfar. Jag var också varm inombords. Jag visste också att det var farfar, den inbitne socialdemokraten, som spelade sin årliga teater för sina kära och särskilt för barnbarnen, fast han egentligen tröttnat och helst hade velat slippa.

Att han helst velat slippa, visste jag inte förrän mamma berättade det efter hans död. Då hade han tomtat i 42 jular, vilket var rätt mycket med tanke på att han inte riktigt hann fylla 69.

MAMMA - MITTEMELLAN

För länge sedan, då mamma var barn och tidigare, arbetade kvinnorna i allmänhet i hemmen. Det var ytterst ovanligt med något annat och hemmaknoget var ett många gånger hårt arbete:

- Att tvätta allt som behövde tvättas; kläder, sängkläder, dukar, gardiner, mattor ... Allt var tungt, varmt och svettigt. Allt gjordes för hand. Viss tvätt, till exempel lakan, skulle kokas och då var det ett eldande under jättekärl, som behövdes. Annan tvätt behandlades annorlunda ... det är vad jag vet såsom skribent och icke-expert på tidens tvättmetoder. Det var emellertid ett slitsamt arbete som tog både tid och kraft.
- Att laga mat från rena basvaror tog tid. Potatis, kålrötter, rödbetor, bönor, ärter, fläsklägg, hel färsk fisk, köttfärs ... med mera i nära nog oändlighet, alla maträtter gjordes från början, så att säga, det fanns inga halvfabrikat. Ja, möjligen korv, då.
- Att städa var också tidsödande och tungt. Knäskurande av golven, till exempel.
- Att skaffa kläder och hålla dem i trim handlade mycket om att sy, sticka, laga och ofta lappa. Ibland att sy om ärvda kläder till någon annan i familjen.

Det fanns inte tvätt- eller diskmaskiner, dammsugare eller kyl och frys. Inte heller hel- och halvfabrikat att köpa och värma i den mikrovågsugn som inte heller fanns.

Numera, när mamma är gammal, arbetar kvinnor i allmänhet inom förvärvslivet liksom männen och det är, åtminstone borde vara, ett delat hemmaansvar för man och kvinna. Barnen går på ”dagis” eller ”fritids” och maten fixas oftast via halv- eller helfabrikat och en pålitlig mikro.

Denna nyordning i familje- och arbetsliv har naturligtvis både för- och nackdelar. Kvinnan har fått större möjligheter till självförverkligande, samtidigt som stress och splittring gjort sitt intåg i hemmen och samhället och ofta drabbar både vuxna och barn. Nackdelarna i form av ökad stress är något vi tillsammans i samhället må finna lösningar på, annars kan det bli svåra följder framöver. Det positiva med att både man och hustru kan arbeta och utveckla sig får inte fördunklas av systemets svårigheter.

Kvinnogenerationerna före mamma levde på ett sätt och de efter mamma levde på ett annat sätt.

Mamma var mittemellan, hon var den generation under vilken förändringen i huvudsak skedde.

Hennes barndom och begynnande vuxenliv var helt enligt den gamla traditionen.

Sommaren 1932 blev den första efter att skolan tagit slut, mamma var 13 och det gällde att kvickt kunna bidra till familjens försörjning eller åtminstone inte längre vara en belastning för dess ekonomi. Mamma fanns långt ute på landsbygden och alternativen till betalt arbete var inte många. Särskilt inte för en flicka. En fattig pojke kunde i princip välja mellan två saker i den trakt där mamma växte upp, sågverket i Lugnvik eller bonddräng. En fattig flicka blev piga och det var inte heller alltid betalt. Många fick nöja sig med mat och husrum hos bonden.

Det blev också mammas lott den första tiden efter skolan, men hon slapp i alla fall att bo hos bonden och fick en liten lön. Ett drygt år tillbringade hon hos bonden Pelle Wallin, där det fanns en äldre piga före henne, en som hette Anna och som hoppades att en dag få bli fru i huset. Ingenting skulle bli annorlunda för Anna om så skedde, inget annat än att hennes försörjning för framtiden skulle tryggas bättre. Hon var sjuklig och kräktes ofta och Pelle skällde mest på henne.

Pelle var ingen trevlig person, tyckte mamma, och det gick många historier om honom och hans leverne. Bland annat skvallrades det om att man sett ett ljus i Pelles lagård en natt och gått dit och tittat. Därvid hade bonden själv setts stående på en pall bakom en ko ...

Efter detta för livet lärorika, men ändå otrevliga år fick mamma sluta och börja hos en bättre beställd familj, Libells i Lugnvik, som hade en skoaffär. Hon skötte barnen, städning och diverse hushållsgöromål och detta liv var en stark kontrast till det eländes otrevnad hon upplevt på bondgården.

Hos Libells fick hon för första gången pröva att göra sig fin i håret, det vill säga att få det lite lockigt. Med så kallad tångondulering krökte hon till håret och tyckte att hon blev så fin att hon inte nändes att lägga sig på kudden över natten.

Hon satt i sängen och gick sedan upp, dödstrött, men fortfarande krusig i håret.

Mamma hade redan i skolan varit duktig i att sy och det beslutades att hon skulle få pröva att gå i sömnadslära. Som 15-åring fick hon plats hos en sömmerska av vilken hon fick så pass betalt att hon kunde betala sin egen mat i hemmet. Därmed var hon i alla fall ingen ekonomisk belastning för familjen, samtidigt som hon fick en utbildning.

Vid 17-årsåldern blev hon av sin arbetsgivare, sömmerskan, rekommenderad till en direktörsfamilj utanför Stockholm, i Saltsjöbaden. Efter mycken tvekan tog hon chansen, tackade ja och lämnade hembygden. Hennes återupptagna pigkarriär pekade spikrakt uppåt och i Saltsjöbaden hos direktör Sighström jobbade hon i ren överklassmiljö. Hon kallades barnhusa, hölls med en liten uniformsaktig klädsel i arbetet och skötte följaktligen barnen, städade och sydde dessutom fina kläder både åt dem och sig själv då hon fick tid över.

Emellertid hade mamma inte tänkt fortsätta en karriär som piga i olika former utan efter ännu ett lärorikt år for hon tillbaka hem till Ådalen.

Väl hemma igen försörjde hon sig genom att i ”lillkammar´n” under ett par år sy kläder på beställning. Det svåraste för mamma var att ta betalt. För även om hon drog till med det lägsta pris hon kunde klara sig på, gnälldes det ofta av hennes kunder om att det var dyrt.

Riktigt fattiga människor hade inte råd att låta sy kläder åt sig och de som hade råd hade ingen lust att betala. Nej, att sy gick väl an, men att hantera välbeställda men ”gnälliga fruntimmer” var inte något hon gillade. Därför slutade hon och återvände till storstaden.

Till Stockholm.

Året var 1938, mamma var 19 och konjunkturen var sakta på väg uppåt ur 30-talets depression. Mamma fick jobb på avsyningen på Centrum Radio. Där satt hon vid ett band som gick och hon plockade på 36 delar i tur och ordning. Det gällde att ha gjort sina toalettbestyr ordentligt innan man började sitt arbetspass, för när man väl satt sig vid bandet fanns inga pauser.

Mamma blev kompis med Aina och Maj på jobbet. Aina fick snart sluta och blev i stället servitris hos Alma Sporrong i Örby, en söderförort, där i Ainas lön ingick ett boende i ett litet f d matrum i Almas lägenhet, som låg i samma hus som serveringen.

Sedan slutade både Maj och mamma det stressiga slitet vid bandet och båda klämde ihop sig med Aina i det lilla matrummet. Tre unga damer bodde ihop på 8-9 m^2. Där bodde de gratis och fick billig mat av den snälla Alma.

De tre unga damerna började röka, som nästan alla gjorde på den tiden. Det var tjusigt att röka. Alla filmstjärnor rökte med utstuderad elegans och välbehag och för att visa sig vara en dam av värld började alla unga damer också röka, helst med långt munstycke.

Även männen hade sina förebilder i filmvärlden, bland andra Humphery Bogart och Clark Gable.

Maj och mamma letade jobb varje dag. En månad stod mamma ut på Bomullsspinneriet och sedan blev det leta igen.

Tack vare Almas ”förmedling” fann hon och pappa varandra och ett förhållande startade så sakteliga.

Så fick mamma tips om att söka på Elektrolux, avsyningen, där man gjorde tändhattar åt militären. Kriget pågick ute i världen. ”En Kristi Himmelsfärdshelg jobbade vi för Finland,” berättade mamma för mig en gång.

Förhållandet med pappa utvecklades och 1942 gifte de sig. Mamma började på Lumalampan, också där en tillfällig krigsindustri. Hon vägde svartpulver för kruttillverkning, ”man såg ut som en sotare ...”

Så kom barnen. Först jag. Mamma slutade arbeta och fortsatte enligt traditionell kvinnoroll som de allra flesta kvinnor vid den tiden. Hon tog tag i allt det som uppräknats i detta kapitels inledning. Svägerskan, min kusin Anitas mamma, faster Märta, ville inte ställa in sig i de traditionella leden utan önskade att jobba igen snarast möjligt efter Anitas födsel. På så vis blev Anita dagbarn åt min mamma och blev därmed min jämnåriga uppväxtkamrat.

Fyra år senare kom min lillasyster och mammas dagar var fyllda av de traditionella kvinnosysslorna.

Ytterligare ett antal år gick och när jag var tretton och lillsyrran nio, började mamma jobba som skolstäderska. Det var per definition ett deltidsjobb, vilket mamma upprätthöll i sju-åtta år. ”Jag började jobba för att vi skulle få ihop till en ny bil,” har hon förklarat för mig senare.

Skolstäderskejobbet kunde hon ha och ändå uppfylla de plikter som kvinnan av hävd hade i hemmet. Som tur var, var hon ingen pedant, vilket var en tillgång, då det var mycket att stå i både i skola och därhemma. Jag minns att mamma eller pappa en dag kom hem med en liten tavla, som de först hade roligt åt och som de sedan hängde upp i hallen. På den stod att läsa: ”Lite skit i hörnen är bättre än ett rent helvete.”

Jag tog realexamen, slutade skolan och jobbade i ett år, för att så börja igen, nu i gymnasiet. På den tiden behövde man studentexamen för att bli gymnastiklärare, det vill säga för att få den mäktiga titeln gymnastikdirektör och jobba som idrottslärare, som det senare kom att heta.

Bara några veckor efter att jag börjat gymnasiet, fick pappa en hjärtinfarkt med lång sjukskrivning.

Jag vet inte om det var dödens kalla flämtande påminnelse om livets förgänglighet i form av pappas hjärtinfarkt, som gjorde att mamma hoppade på en gratisutbildning med studiebidrag för att bli pälssömmerska. På heltid.

Hur som helst, mamma kom gradvis att överge den kvinnoroll hon växt upp med och hon började jobba heltid vid cirka 45-46 års ålder. Hon passade då också för övrigt på att sluta röka! Tvärt!

Fortfarande skötte hon det mesta i hemmet, men då pappa haft ytterligare ett par infarkter och fått heltids sjukpension fem-sex år senare, tog han över en hel del av ansvaret för ”marktjänsten”.

Mamma gick alltså under sitt vuxna liv från den traditionella kvinnorollen, den som var förlagd i hemmet och där ansvaret för familjens försörjning helt låg på mannen och på en pålitlig sociallagstiftning om han skulle råka dö, till den moderna, den som i grunden innebär vars och ens eget ansvar för försörjning och pension. Plus delat ansvar för hemarbetet, förstås.

Om jag skulle fråga ut mamma idag, bliven en bit över åttio, är jag ganska säker på att hon tycker att det är bra att mammor är hemma med barnen ett tag, kanske ända tills de börjar skolan. Men sedan är det nog bra, rent av nödvändigt att mammorna tar sig ut i förvärvslivet för att ta eget ansvar för en, trots allt, osäker framtid.

På det hela taget är mamma säkert nöjd med det hon gjort med de förutsättningar som fanns, även om hon kan ångra vissa detaljer. Men, ”vem kan inte det”? var den kloka fråga hon ställde till sig själv emellanåt. Och så önskar jag, att mamma och pappa kunde fått fler än två pensionsår tillsammans.

FARBROR STURE

Min pappa såg av naturen ganska barsk ut. Det tyckte nog både barn och vuxna, i alla fall de, som inte kände honom. Mina lekkamrater trodde ofta att han var arg. När de sedan varit med ett tag, med mig, på vår tomt och kanske också inne, upptäckte de snart att han var snäll. Ja, väldigt snäll, särskilt om man visade sig väluppfostrad och rejäl själv.

Det är en speciell tilldragelse jag minns extra tydligt, då alla barn i grannskapet förstod att ”farbror Sture är jättesnäll och bra”!

Det började en vinter, då pappa tyckte att jag var lite för liten för att ”ränna iväg till skridskobanan vid skolan varje eftermiddag och kväll i mörker och elände”. Han förankrade sin tanke hos mamma först.

-Vi har ju en plan gräsplätt på tomten, 7-8 meter bred och 15-16 meter lång. Jag spolar upp en skridskois där och så kan jag dra ut en sladdlampa till lyse då det är mörkt.

Sagt och gjort, vilket var något som präglade pappa, om han inte mötte omedelbara invändningar. En lördag i januari förvånade han mig genom att, efter att ha kommit hem från jobbet och fått en kopp kaffe med dopp, börja dra ut sommarens vattenslangar från källaren.

-Vad ska du göra, frågade jag förstås.

-Spola, svarade pappa. Det var ytterst sällan han gav sig in i långa utläggningar, i varje fall inte med oss barn.

-Spola vad då?

-Vad tror du? Tvätta bilen?

-Nej, men ... säg!

-Spola skridskobana.

-Oj ...

Glatt förvirrad sprang jag före dit jag förstod att pappa ämnade sig för att spola. Där, liksom på hela tomten i övrigt, låg ett snötäcke. Jag sprang tillbaka och mötte pappa släpande på en grov svart slang.

-Det är fullt med snö på planen!

-Visst fan, det tänkte jag inte på.

Han lade ifrån sig slangänden i snön och vände tillbaka.

Strax återkom han och slängde åt mig en liten snöskyffel, ”här har´u”. Själv hade han en stor rejäl sak. Skyffeln han slängde åt mig var den han hade i bakluckan på bilen vintertid, beredd på allt, som han försökte vara.

Jag blev mäkta stolt över att få hjälpa till. Det var inte vanligt. Pappa var den som alltid gjorde allting själv.

Troligen tyckte han att det var enklast så.

Snön var lätt. Det hade inte varit någon tödag sedan den kom, merparten föll under mellandagarna. Trots den lätta snön tog det oss mer än en halvtimme att skotta rent de cirka 120 m^2 det gällde.

-Lägg upp en vall med snön, så blir det finare, sa pappa, då jag slängde iväg mina skopor lite vårdslöst.

Snart var det dags för slangen. Pappa drog fram den och sa sedan åt mig att följa med till garaget.

-Jag ville inte sätta på vattnet förrän allt var klart för spolning, sa han förklarande, det är i alla fall åtta grader kallt.

-Varför då, undrade jag.

-Jag vill inte riskera att det fryser i slangen, förklarade pappa, nästan onaturligt tålmodigt. Vrid på här, när jag ropar.

-Ja.

-Vrid tre hela varv.

-Ja.

Han lämnade mig vid den lilla röda, runda ratten och jag kände mig fortsatt stolt.

-Ja, sätt på, hördes pappas röst bortifrån.

”Vilket håll”, tänkte jag nervöst och vred åt vänster. Det satt fast. Jag försökte åt höger. Det satt lika fast. Nästan panikslagen, jag fick inte misslyckas, nu när pappa äntligen lät mig hjälpa till, vred jag åt vänster igen med alla krafter och båda händerna och äntligen gav ratten med sig.

-Vrider du? Pappas röst hördes igen.

-Jaa, skrek jag upphetsat och vred de tre varv jag skulle.

Så rusade jag ut längs den vattensusande slangen och störtade fram till pappa, som spolade den vintergröna gräsmattan.

-Akta dig så du inte blöter ner dig.

Det var en konstig syn, tyckte jag. Det blev blött och mörkt och såg inte ut att kunna bli en skridskobana alls.

-Hur länge tar det?

-Ett par dagar om vädret är bra, så jag kan spola åtminstone en fem-sex gånger.

-Så länge?

-Länge ..?

Vädret stod sig. Dagarna var kalla och klara och pappa spolade tre gånger på lördagen, den sista långt efter att jag slocknat för natten. Dagen efter var han tidigt uppe, liksom jag. Han var ivrig, liksom jag och vi skyndade ut innan det hunnit ljusna och innan vi fått i oss någon frukost.

-Ååå, vad fint det blivit, sa jag, då jag såg den mörka, knöliga isen.

Det var ju ändå redan en isyta.

-Nej, fan, sa pappa. Ett par, tre stora spolningar till och sedan kan vi börja med småspolningar för utjämning.

-Blir det sådär platt och blankt som riktig is?

-Ja ..., pappas ögon log lite, "riktig" is. Vad tror du det här är?

-Jamen, jag menar som på en riktig och fin skridskobana?

-Det här blir som en så´n, fast en liten en. Egentligen skulle vi ha varmvatten vid småspolningarna, men det blir nog lite dyrt för oss.

Förvånad tittade jag upp på pappa, "dyrt?"

-Kostar vattnet pengar?

-Javisst, men inte så mycket.

-Jamen vi tar ju bara ur kranen ...?

-Jo, men det finns en mätare i garaget. Den sitter alldeles där du vred på vattnet igår.

Jag stod där tyst och tittade på vattnet som flödade ur slangen och förstod plötsligt att det inte var gratis. Redan innan hade jag förstått att pappas arbete för mig också kostade, om än inte i pengar. Jag tittade förstulet på honom för att försöka utröna om allt detta med dels hans möda och dels det kostande vattnet som vräkte sig ut ur slangen, var för mycket.

Pappa hade dock sin vanligaste min på sig, ett slags pokerface, som inte så lätt lät sig läsas.

-Varför är varmvatten dyrare, frågade jag, för jag stod inte längre ut med tystnaden.

-Vattnet är inte dyrare, men vi måste elda koks i pannan för att värma vattnet och koks kostar pengar.

-Kostar skridskobanan mycket pengar?

Pappa tittade ner på mig och då såg jag en glad, snäll och road glimt i hans ögon, vilket omedelbart gjorde mig lugn.

-Nej då.

Med en suck av lättnad stod jag bredvid pappa de ytterligare fem minuter som han spolade. Så drog vi, ja, mest han, förstås, in slangen i garaget och vi gick upp för att få vår frukost.

Det var i pappas ögon, man kunde se vad och hur han tyckte, kände och tänkte. Ansiktet i övrigt var oftast likadant, hade samma uttryck eller kanske snarare brist på uttryck. För att förstå pappas innersta rätt, måste man kunna läsa blicken, uttrycken i hans ögon. Det lärde jag mig tidigt och det var viktigt.

Pappa hade redan som liten fått lära sig att bita ihop. Hans pappa, min farfar alltså, var åtminstone till det yttre en ”hårding”, en karlakarl, som satte en ära i att alltid ”hålla masken”, vara cool och tuff, i dagens språkbruk.

Pappa var äldsta barnet och fick tidigt arbeta hemma efter skolan och då farfar dog i lunginflammation, fick pappa axla ett ansvar alltför tidigt. Han var fjorton år då.

Pappa hade, som sagt, lärt sig att bita ihop. Han var känslosam, men det fick man lära sig att utläsa i hans blick.

-Det måste frysa ordentligt innan, svarade pappa på min otåliga fråga direkt efter frukosten: ”Ska vi spola igen?”

-Om ett par timmar.

Under väntetiden sprang jag ut för att träffa kamrater, mest för att jag bara måste berätta vad som var på gång på vår tomt.

Vid söndagsspolning nummer två var vi en handfull barn som betraktade föreställningen. Av någon anledning var det så spännande att vi föredrog att avvakta vår lilla isbanas framväxt mot att i det strålande vintervädret gå ner till skolplanen, som vi alltid brukade på söndagarna.

Klockan tre började det skymma och en timme senare drog pappa ut en sladdlampa, som han hängde upp i en stor hängbjörk intill vår isbana. Vi var nu ett tiotal barn som var åskådare.

-Sätt på er skridskorna, så kan ni åka en timme innan jag spolar igen, sa pappa plötsligt och alla barn for iväg som skållade råttor åt alla håll för att hämta sina skridskor.

-Inga klubbor, skrek någon och så blev det den kvällen. Efter en stunds planlöst åkande lekte vi ”Jägis”, som vi sa, Jägargata, en slags kull- och tafattlek, som jag senare lärt mig heter ”Svarte Man”.

Det blev som pappa tänkt sig. Vi åkte skridskor på vår tomt, då det blivit mörkt på sen eftermiddag och kväll. Annars åkte vi på skolplanen.

Jag, som alltid var morgonpigg och kvällstrött, gick gärna till sängs redan före klockan åtta på kvällen och då hände det ofta, nära nog dagligen, att några mer kvällspigga barn ringde på dörren.

-Snälla farbror Sture, kan farbror Sture tända lampan? Barn sa inte ”du” till vuxna på den här tiden.

Och det kunde farbror Sture, min pappa. Det var rätt lustigt. Jag och min syster sov, mina föräldrar pysslade inne medan några grannbarn åkte skridskor på vår tomt i ljusskenet från en sladdlampa i den mörka vinterkvällen.

En gång, något år senare, hörde jag en granne säga till pappa:

-Inte behöver du hålla på så där och hålla skridskobana till alla ungar i trakten. Det är ju både jobb och en del kostnader för ström och så där.

Efter en kort tystnad sa pappa:

-Jag tycker att det är bra att de har nå´nstans att vara hemikring, då det är mörkt och jävligt.

-Ja, det är bra förstås, men du får ju en massa jobb och ungar som ränner och ringer på ...

-Det spelar ingen roll vilka ungar det är.

Pappa tystnade och sa hej till grannen. Så tog han mig i handen och gick hemåt.

-Då har jag i alla fall inte spolat i onödan och det är väl bra.

Pappas ord, "det spelar ingen roll vilka ungar det är", fastnade i mig. Först kände jag mig lite besviken, då jag inte riktigt förstod och misstolkade lite. Senare, då jag insett vad han menade, kände jag mig stolt, inte minst också för att alla traktens barn tyckte att min pappa var "jättehygglig".

Under isbanans andra vinter var det extra mycket snöande.

-Nu är ni så stora att ni får skotta själva, sa pappa då. Det var hans sätt att lära oss att ta ansvar och inte bara vänta att någon ordnade allt för oss.

Pappa bekymrade sig lite för ordningen och för flickornas utrymme på isbanan. Vi pojkar var ofta fem-sex stycken med boll eller puck och vi for fram som torpeder över banan. Flickorna fick hålla sig undan så gott de kunde och det var inte lätt. En dag beslöt så pappa att spola upp ett alternativ till isbanan: En kana.

I ett hörn av tomten, nära isbanan, fanns en bergsklack, som var cirka tre meter hög och sluttade ganska brant åt alla håll. Ja, utåt gatan och granntomten var det lodrätt. Inåt, mot isbanan, var det en lagom kraftig lutning för att få upp bra fart, "om jag spolar", ansåg pappa.

Sagt och gjort igen.

Han packade snö på sidorna av kanan så den blev liksom skålformad och vid bergsklackens fot gjorde han en jättevall med vänstersväng. Så duschspolade han anläggningen ett otal gånger och så var isbanan klar. Han sågade till små masonitbitar för oss att sitta på med blanka sidan nedåt.

Först var det nio-tio meter kraftigt utför. Så for man i häftig sväng åt vänster med styrning av jättevallen och så gled man ut på plan mark för att stanna. Hela färden blev 15-25 meter lång, beroende på om man hade ro att invänta att det stannade av sig själv. Det hade man sällan. Det var roligast att i kurvan försöka komma så högt som möjligt på vallen, vilket innebar högsta möjliga startfart.

Ibland hade vi längdglidartävling och då gällde det också att få högsta startfart genom att kasta sig framåt och att glida så långt det någonsin gick.

På detta vis blev det bättre utrymme för flickorna. Då vi spelade boll på isbanan, åkte de kana och då vi med våra lite vildare tag åkte kana, kunde de välja att åka skridsko. Vi pojkar tog mycket plats ...

I sju-åtta vintrar pågick detta på vår tomt med pappa som ideell idrottsplatsvaktmästare. När vi blivit så stora, att vår tomt inte var tillräcklig som jaktmark, ens då det var mörkt, slutade han.

KIMMO

När jag nu sitter och skriver på denna bok dyker plötsligt namnet ”Kimmo” upp. Har jag några minnen från min tid med honom, som passar in i det här sammanhanget? Jo, då.

I skolan fick jag ganska fort en ny vän. Hans namn var Kimmo och han var rätt annorlunda än jag. Jag upptäckte honom i vimlet av nya kamrater, där vi satt i första klass i Örby skolas bibliotek. Ja, vi hade inget eget klassrum på grund av de enorma mängder barn som föddes under de senare krigsåren, så vi fick husera i skolbiblioteket. De två andra klasserna, parallellklasserna, hade dock egna klassrum.

Det, som gjorde att jag redan under andra veckan i skolan vände mig om och iakttog honom med nyfikenhet, var något för mig alldeles oerhört.

Fröken Hultkvist framme vid katedern tyckte att det var lite stimmigt i bakre delen av klassen, där vi satt i våra bänkar. Hon upptäckte då att en elev satt vänd mot kamraten bakom och uppenbarligen var i färd med något. Han pratade ganska högt med kamraten. Eleven med ryggen emot henne var Kimmo.

-Kimmo, säger fröken.

Ingen reaktion.

-Kimmo, upprepar fröken med lite högre röst.

Liten reaktion, åtminstone från oss andra, då de flesta av oss övriga elever vänder på huvudena och tittar mot den bakvända klasskamraten.

-Kimmo, ropar fröken irriterat.

Fortfarande ingen reaktion från den som borde reagera. Bara vi kamrater åser dramat med spänning.

-Kimmo, ryter nu fröken, hör du inte vad jag säger?

Nu äntligen vänder sig Kimmo om och ser lugnt och snällt på fröken:

-Jo, men jag bryr mig inte om det …

Alla vi klasskamrater hajar till vid det lugna och stillsamma svaret, vars innebörd var förskräckligt. Det är nästan så att vi hukar oss i bänkarna.

Fröken tror knappt sina öron.

-Begriper du vad du säger? Försöker du vara uppkäftig?

-Nej, svarar Kimmo fortfarande lugnt, jag berättade bara en sak för Ingvar och Classe och jag var inte färdig än.

-Men så kan du inte göra under lektion, säger fröken upprört.

-Kan jag inte, undrar Kimmo till synes helt oförstående, när ska jag då berätta?

-På rasten, förstås, på lektionen ska du höra på och följa med.

-Jaha.

Kimmo nickar att han förstått och fröken står stilla och tittar på honom några för oss andlösa sekunder.

Fantastiskt och förståndigt nog mynnar hela historien ut i lugn och ro. Ingen vidare åtgärd från frökens sida och allt blir som det ska i rummet.

Efteråt, som vuxen har jag undrat om inte också fröken fann det hela oförargligt och nästan skrattretande. Kimmo hade så uppenbart inga dumma avsikter med det hela.

Så hade jag då upptäckt Kimmo. Jag var så imponerad av hans lugn i den omöjliga situation han själv skapat, att jag helt enkelt var tvungen att prata med honom snarast möjligt och det var på kommande rast.

I det läget var det inte bara jag som ville prata med den lille ”rebellen”, vilket alla trodde att han var, men det visade sig snabbt att han inte var den rebell vi hade föreställt oss. Nej, allt var uppriktigt och ärligt, Kimmo hade inte riktigt insett hur rollerna var i klassrummet. Han trodde, att det var fullt möjligt att prata med den man hade något att säga till, även om fröken babblade på i andra änden av rummet.

På den korta rasten hann ingen med några mer ingående samtal och redan rasten efter var dramatiken borta. Då fick jag chansen att prata ensam med Kimmo och i det samtalet kom jag att finna en sorts själsbroder. Vi var till det yttre väldigt olika, men hade en hel del i våra huvuden, som pockade på utbyte, lek och umgänge.

Vårt yttre skilde sig, som sagt. Kimmo var rätt liten och spenslig, men jag var en av de större och starkare i årskurs ett. Jag var dessutom väldigt intresserad av idrott redan som sjuåring och höll på med alla sporter som tänkas kunde.

Spontanidrott med kompisar var det som gällde och vi spelade främst fotboll och någon blandning av ishockey och bandy hur mycket som helst. Timtals varje dag. Ishockey/bandyblandningen spelade vi ibland på is och ibland på gatan.

Kimmo var inte intresserad av idrott. Han var helintellektuell och för min del var jag så intellektuell jag bara hann, kanske kan man kalla det halvintellektuell. Men jag blev ett tillräckligt bra komplement till Kimmos tankebanor och lekar. Vi utvecklade lärorika intellektuella lekar hemma hos honom väldigt ofta, närapå dagligen under hela min tid i folkskolan och det var fram till sommaren 1956. Det kunde bli lite stressigt med två så olika ”liv”, att vara med bollspelarkompisar och med Kimmo. Dessutom var det kul att leka i skogen med ytterligare andra kamrater. Vi var ju många barn …

Vi gick i samma klass i ettan. Sedan delades vår klass upp på de andra två klasserna och Kimmo och jag kom i olika klasser från och med tvåan till och med sexan. Trots det fortsatte vi våra lekar tillsammans.

På hösten började både Kimmo och jag i sjuan i realskolan och där kom vi återigen i samma klass. Men det hjälpte inte. Vi hade blivit större, äldre och det blev nya konstellationer i klassrummet och även utanför och vi kom alltmer ifrån varandra. Jag blev mer och mer engagerad i olika lag i fotboll, handboll, bandy och ishockey och nu var det inte längre spontanidrott. Kimmo fann olika, dugliga ersättare för mig på det intellektuella planet, så han klarade sig också bra.

Hemma hos Kimmo under våra intensiva år tillsammans lärde jag mig att det finns människor från andra förhållanden och andra länder.

Kimmos mamma var finska och talade en väldigt knagglig svenska. Liksom Kimmo var hon liten, det vill säga kort, men i motsats till sonen var hon rund som en boll. Hon hade bruna varma ögon i ett runt ansikte med runda kinder och hon bakade de godaste bullar jag någonsin smakat. Jag var hela tiden övertygad om att hon var snäll, jättesnäll. Hon såg sån ut.

Kimmos pappa, Sandor, var ungrare och hans svenska var ungefär lika knagglig som mammans. Kanske något bättre? Han var en stor och lång karl, som såg kraftfull ut.

Han hade så starka glasögon att jag faktiskt inte kan erinra mig hans ögonfärg, men även han gjorde ett mycket vänligt och snällt intryck på mig.

Kimmos pappa var högutbildad. Det förstod jag redan tidigt. På kuverten som var adresserade till honom stod det ”Fil mag” och efter att ha frågat hemma, visste jag att det var en fin akademisk titel.

Men vad gjorde han då?

Små glasfigurer, som såldes på Skansen (?), i kramsbutiker eller liknande. Dessa figurer var mycket eleganta. Kimmos pappa var helt klart en konstnär också, något som det senare visade sig gått i arv till sonen.

Jag tyckte nog att det var ett märkligt jobb för en akademiker, men kunde man inte svenska tillräckligt bra kanske man inte kunde få ett mer passande jobb? Han verkade trots allt tjäna tillräckligt bra med pengar på sina glasfigurer.

Här är Kimmos hus och föräldrahem i Örby

Jag vet fortfarande inte om Kimmo kom till Sverige som spädbarn eller om han rentav är född här. Hans föräldrar har jag förstått kom hit som flyktingar under andra världskriget, men hade i alla fall köpt eller byggt sig ett fint hus, som låg högt med utsikt över grannarna.

Alla de intryck jag fick, under alla de dagar jag var hemma hos Kimmo, var bara positiva. Hans föräldrar var alltid vänliga och generösa och jag kunde verkligen känna mig som hemma där. Jag tyckte att Kimmo borde vara lycklig och stolt över dem och det störde mig då Kimmo fräste någon irriterad harang på finska åt sin mamma. Det hände ibland och jag förebrådde honom för det … för det mesta, åtminstone.

Under den sista tid vi tillbringade i stort sett i dagligt umgänge, 1956, försökte landsmännen till Sandor Kulai hemma i Ungern att revolutionera mot, befria sig från den sovjetiska övermakten. Det tog en ände med förskräckelse. Sovjetiska stridsvagnar rullade in på Budapests gator och slog ner all opposition. Ett ganska stort antal ungrare flydde väster- och norrut.

En del kom till Sverige och Sandor Kulai fick bråda tider. Han ville hjälpa till och samlade flera gånger flyktade ungrare hemma och satte dessutom igång att skriva en lärobok i svenska för dem.

För mig blev det en extra rolig tid, då Kimmos pappa behövde oss för att få till svenskan korrekt. Därvid vände han sig nästa alltid till mig de gånger jag var där. Annars var ju Kimmo där och han var precis lika duktig som jag i svenska språket. Jag, tretton år gammal, blev under den tiden väldigt imponerad av den energi och engagemang som Kimmos pappa visade.

När jag var där ville Kimmo inte gärna att pappan skulle störa oss och var vresig mot honom, då han kom med sina problem, men jag välkomnade honom. Vid den tiden tyckte jag nog att våra lekar inte var lika roande som förr och pappans problem var roligare att intressera sig för.

Ungefär från den åldern kom vi alltså mer och mer från varandra, men vi fortsatte att vara goda vänner hela realskolan och även sedan i gymnasiet. Där vid påsktid, en dryg månad innan vi skulle ta studenten kommer nästa ”chock” levererad av Kimmo,

-Jag tänker sluta … säger till i skolan i dag …

Jag tappar totalt fattningen och bara stirrar på honom. Alla ord saknas i min arma skalle.

-Jag tänker i alla fall inte fortsätta plugga efter studenten, så varför ska jag fortsätta till den, fortsätter Kimmo eftersom han inte fått något svar.

-Men du har ju bra betyg och lätt för dig?

-Ja, kanske det, men jag vill annat med livet.

-Men … det är ju inte klokt. Vad ska du göra?

Kimmo ler, svarar inte och rycker på axlarna.

Jag ger upp och tror ändå att ”det kan han väl trots allt inte mena”.

Men det gjorde han. Han slutade gymnasiet en månad innan han skulle ha tagit studenten med goda betyg.

Genom åren har vi då och då träffats och pratat om allt mellan himmel och jord.

Vi är fortfarande mycket goda vänner … men vi ses inte så ofta.
Jag önskar att det vore oftare.

Jag tror att familjen Kulai i åtminstone ett avseende varit viktig för mig. Den tid jag fick tillsammans med dessa duktiga och generösa människor från ”främmande land” gjorde mig gott.

(FARBROR) KALLE

Så var det Kalle. Min andra farbror. Han, som för mig inte kändes som riktigt vuxen. Han, som alltid var full i upptåg och bus. Hans upptåg och bus låg mer på det verbala planet. Han skojade och småretades och skrattade med och åt oss brorsbarn, det vill säga Anita och jag. Och han var så full av sån't att han inte kunde kallas farbror Kalle. I varje fall inte av mig. Min jämnåriga kusin, Anita, kallade honom för farbror Kalle, men hur hon kunde få till det var för mig en gåta.
Min farbror, Kalle, var och kändes alltså för mig som en kompis, en vuxen kompis och det var nog viktigare för mig än jag förstod som barn. Jag lärde mig tidigt att förstå skillnaden mellan lek och allvar och uppskatta dem som var vuxna och som ändå tog oss barn på allvar … mitt i leken, ibland.

Kalle var brevbärare och cyklade runt i den del av världen jag levde i med sin stora postväska på en knallgul cykel. Han hade nästan alltid ett leende på läpparna och var ganska högljudd då han under sin framfart ropade till folk han kände. Som jag förstod redan då och tror mig fortfarande veta, var han väldigt omtyckt som en gladlynt medmänniska.

Också av den anledningen var jag väldigt stolt över honom, min kompis Kalle, förutom att han var stor och stark och hade finare muskler än Tarzan.

Jag har inte så många konkreta minnen av vad han gjorde för mig när jag var liten, men något måste väl ha varit eftersom jag kom att känna starka band till honom genom hela livet. Från tidiga år minns jag mest att det alltid var kul när han fanns med. Inte på något vilt sätt, mera på ett förtroligt och kamratligt sätt. När jag själv var i tonåren minns jag att han hjälpte mig till sommarjobb och även vinterlovsjobb på posten. Där lärde jag känna honom än mer, mycket tack vare hans kompisar på jobbet och deras jargong, som jag blev god lyssnare till. Den som roligast att höra, när Kalle och han ”slängde käft” var ”Rosa”, det vill säga Börje Roos.

Rosa var för övrigt med i Örby IS A-lag i fotboll, när jag debuterade där arton år gammal.

Det fanns fler kallekompisar som lärde mig att ”slänga käft” och för mig var det genom att lyssna. Sedan prövade jag lite av denna jargong med Kalle och det var roligt, även om jag inte riktigt kunde mäta mig med hans fantasi och erfarenhet i ämnet.

Passande nog gifte sig Kalle med en som var lika kompisbetonad som han själv. Gunvor … av alla inklusive mig, kallad Guje, utom av min fantastiska kusin Anita, som sa faster Guje. Och så skulle det ju vara på den tiden.

Kalle och Guje gav mig nya kusiner, Marie-Louise och Kjell, tolv respektive tretton år yngre än jag. De var ju barn till min kompis och hans fru, så jag såg dem länge som nästa generation. Först när de blivit vuxna kunde jag se dem som tillhörande min generation och som ”riktiga” kusiner.

Trots detta fortsatte Kalle och även Guje att vara mer kompisar än äldre släktingar.

Jag är övertygad om att relationen och ”kompisvänskapen” med Kalle har betytt mycket för mig … utan att jag egentligen kan sätta fingret på exakt vad.

FARBROR TOSSE

Kusin Anitas pappa hette Tosse och var mellanbror i brödraskaran om tre, varav min pappa var äldst och Karl-Gustav yngst. Thor kallades Tosse av alla utom av sin mamma, min farmor, som envisades med att säga Thor, så att jag varje gång först undrade vem hon menade.

Eftersom man på den tiden inte tilltalade vuxna hur som helst, var han farbror Tosse för mig, något som kom att ge mig bryderi och lätt sinnesförvirring i sådär 12-13-årsåldern.

Farbror Tosse var den av bröderna som fått studera. Ja, inte så värst mycket, men ändå tillräckligt för att han skulle komma att tycka sig tillhöra en annan klass än arbetarklassen. Han jobbade på kontor och var därmed tjänsteman och som sådan röstade han på Folkpartiet, något som pappa aldrig kunde förstå. Farbror Tosse hade tagit realexamen.

Emellertid var detta med skolor, arbete och politik inget problem bröderna emellan. Man var noga med att hålla sams och inte ”diskutera politik”, vilket undantagsvis ändå ibland hände. Alla tre bröderna var goda medlemmar i farmors klan som bestod av henne själv och sönerna med familjer.

De tre bröderna hade för mig helt skilda roller. Sture var ju min pappa med allt vad det innebar. Farbror Tosse var idrottsledaren, en av de största entusiaster Örby IS någonsin haft i sina led och som sådan en nära släkting att vara stolt över. Karl-Gustav, alltså Kalle kändes för mig som barn inte riktigt som en vuxen ... dock på ett positivt sätt … så därför blev det aldrig så att jag kallat honom farbror Kalle. Kalle gifte sig då jag var nio år och jag hade redan så smått börjat se honom som en kamrat på något sätt. En visserligen betydligt äldre kamrat, men ... ändå kamrat, kompis. Detta har för övrigt hängt i och även 50 år senare har jag svårt att bestämma mig för om jag känner för honom som min pappas eller min egen bror. Det blir något mittemellan och det har strängt taget ingen betydelse vilket.

Jag spelade mycket boll redan från början. Spontant med kompisarna … dagligen kan man nog påstå. Timvis ... Vid 10-årsåldern hade vi kompisar ett kvarterslag och vi kallade oss något som jag totalt har glömt.

Laget hade organiserats av en gosse ett år äldre än jag, Berra Nyström, som också senare skulle bli lite av en legend i ÖIS. Med det laget, sjumannalag, deltog vi i AT-cupen (sedermera S:t Erikscupen) med rätt stor framgång. Vi kan ha hetat Örby Tigers eller något liknande.

Något år senare blev vi Örby IS 1 i AT-cupen.

Året därpå, det år jag skulle fylla tretton, blev vi alla med i ett ”riktigt” pojklag i Örby IS. Elvamannalag! Vi var fyra åldersklasser i samma lag. Pojklaget tillhörde man om man var sexton år eller yngre. Den indelning i lag för varje åldersklass, som man har idag, var ännu inte uppfunnen och den mängd träning vi bedrev i klubbregi var ytterst måttlig i samma jämförelse. Vi tränade 1-2 gånger per vecka under april, halva juni, halva augusti och september. Sålunda fanns det mycket tid över till spontanidrott och även till annat.

Det år jag klev in i pojklaget fick jag en tränare för första gången och det var ingen mindre än farbror Tosse. Han såg sig knappast själv som tränare utan kallade sig för lagledare. I dag skulle väl hans roll ha benämnts coach. Men han hade flera roller. Han var helt enkelt fotbollens allt-i-allo. Pojk- och juniorlagen skötte han helt på egen hand och så var han dessutom lagledare för seniorernas A-lag. Han hjälpte även till med B-laget om han hann.

Tvätta hann han. Alla tröjor, byxor och strumpor till alla lagen tvättade han hemma i källaren för hand till en början och lite senare med en handvevad tvättmaskin. Det var en sällsam syn att se alla tvättlinor på hans tomt, Järnavägen 6 i Örby, fyllda med all tvätt till fyra lag. Vi, som bodde i grannskapet, reagerade inte för synen, vi var så vana vid den.

Då jag blivit vuxen, tio-tolv år senare, var det ännu fler ställ som hängde där på tork. Man hade börjat införa fler åldersklasser i ungdomsfotbollen, farbror Tosse hade därmed fått fler lag att ta hand om och att tvätta åt.

Farbror Tosse är den störste idrotts- och ungdomsledare som funnits, såvitt jag vet. Han har påverkat min syn på idrott och det ideella ledarskapet i grunden. Detta vet jag är något jag verkligen burit med mig genom livet och som bildat en grund i mitt eget engagemang som idrottsledare.

Farbror Tosses engagemang byggde på ett djupt och äkta idrottsintresse och en tro på idrottens starka sociala kraft. Han jobbade helt oegennyttigt och tjänade aldrig en enda krona på sin insats inom idrotten. Nej, snarare betalade han. Han la ut de pengar som saknades tillfälligtvis och fick väl oftast tillbaka dem, men inte alltid.

Han brydde sig också om hur hans spelare, särskilt de unga, hade det vid sidan om idrottsplanen. Jag vet ett fall då man nog kan påstå att hans insats räddade en ung man från att hamna i en kriminell och drogkantad karriär. Det jag vet om detta fall är så pass mycket grundat på hörsägen, så jag inte vill återge det i denna skrift. Den, eller kanske de (det finns kanske fall jag inte har en aning om), som känner igen farbror Tosses insatser, vet väl ändå.

Det finns några saker jag gärna vill peka på när jag tänker på farbror Tosses gärning och vad jag sett, hört och upplevt tidigare:

- *Farbror Tosse hade inga egna barn i verksamheten. Han var ledare ändå för att han trodde på en idé. Den idé, som är ursprunget till folkrörelsen i vilken form den än uppträder. Den ledare som han var, står knappt att finna i dagens moderna liv. De ledare för barn och unga på hans ideella nivå som finns idag, är pappor och i några fall också mammor, som alla slutar som ledare när barnen slutar idrotta. Ett fåtal hänger väl i och det är klart att idrotten idag får vara tacksam för att det finns de som ställer upp som (tillfälliga) ledare, men jag är övertygad om att de eldsjälar som en gång lyste upp Idrotts- och Folkrörelsesverige, knappt längre står att finna.*
- *Sveriges sportjournalister instiftade ett pris, ”Årets idrottsledare”. Jag tror att det var på 1970-talet. I alla händelser vet jag att det var då Ingemar Stenmark härjade som värst och vann snart sagt allt som gick att vinna. Svenska folket var som förhäxat och i varje världscuptävling i slalom och storslalom stannade Sverige och alla, ja, verkligen alla, bänkade sig framför TV-apparaterna för att följa Stenmarks slingrande och hisnande väg mot nya slalomsegrar. Under den eran instiftades priset ”Årets idrottsledare” och Olle Rohlén utsågs till att vara den förste få detta oerhört pretentiösa pris. När jag hörde detta var jag cirka 35 år och jag gick i taket, formligen exploderade. Så här tänkte jag: ”Olle Rohlén var en duktig utförsåkare i landslaget som efter avslutad karriär fick en roll som ansvarig ledare och coach för alpina landslaget. Stenmark har lärt sig slalom av tränarna i Tärnaby och sedan, då han blev jätteduktig haft support av en rad specialister. Olle Rohléns uppgift var väl närmast*

att duka upp ett lämpligt arrangemang för sina landslagsåkare i såväl träning som tävling. Jämfört med farbror Tosses och förmodligen också andras ledarinsatser på gräsrotsnivå, vill jag påstå att Olle Rohléns (välbetalda) insatser i glans och ära är intet. Ni övermaga sportjournalister, ni vet ingenting om idrottens själ! Ni vet ingenting om det äkta, ideella engagemanget och ert pris är ett hån emot den svenska idrottsrörelsemodellen. Årets idrottsledare borde vara så jävla mycket mer! Ni kan ta er i ... (jag vill inte skriva ut vad jag menar, men ...)"

Jag kände mig oerhört indignerad å farbror Tosses och troligen också andra idrottens trotjänares vägnar.

Jag engagerade mig också i idrotten. Först som aktiv, men senare, snart nog, som ledare, tränare, ordförande, ja, allt på en gång. Och länge. Liksom farbror Tosse fick jag barn och familj väldigt tidigt. Då jag som sextioåring försöker analysera mitt eget stora engagemang i idrotten, undrar jag om engagemanget var en ersättning för något som saknades i livet i övrigt. Men jag vill egentligen inte tro det. Jag vill tro att det jag upplevt har inspirerat.

Nästa steg blir då att kort undra över detsamma då det gäller farbror Tosse. Men hans bevekelsgrunder var säkert de ädla, som jag alltid trott. Å andra sidan spelar de innersta skälen ingen roll för gärningens betydelse för dem som åtnjuter den.

Ja slutligen, beträffande mitt bryderi och eventuella sinnesförvirring i 12-13-årsåldern som jag nämnde i inledningen av detta kapitel, var det så att alla mina lagkamrater, som ju kände farbror Tosse mindre än jag gjorde, kallade honom bara "Tosse" medan jag sade "farbror Tosse".

I omklädningsrummet kändes det fel. Med stor ansträngning för att övervinna det brukliga och invanda, började jag också kalla honom Tosse. Det tog tid (fem år?) och jag försökte länge att tala om och till honom på ett sådant sätt att jag kunde undvika ett tilltalsord, alltså det problematiska.

VANTRIVSEL

-Hur fan kan du tycka om att gå till jobbet?

Pappa tittade med uppriktig förvåning på mamma, som just sagt något positivt i ämnet. Mamma jobbade i Rune Landerts pälsateljé på Östermalm som pälsmaskinsömmerska och hon berättade dagligen om händelser på jobbet. Det var under tiden mellan jag flyttat hemifrån, 1963, och pappas sjukpensionering, 1973.

Mamma hade efter att varit hemmafru och lite dagmamma på egen hand i tretton år och sedan skolstäderska, också det mycket ett ensamjobb i sju-åtta år, fått arbetskamrater och därmed folk omkring sig att prata med på dagtid. Det märktes att hon trivdes mycket bra med särskilt några av arbetskamraterna och av den rikare sociala situation i vilken hon hamnat.

Pappa vantrivdes på sitt jobb hela tiden. Efter skolan, som inte alls passade hans begåvningstyp, gick han i yrkesskola och lärde sig till rörmokare, ett konstruktivt yrke många gånger med problemlösning inbakat. Ett yrke som borde passat honom.

Förutom rörmokeriet var han, dels med hjälp av sin pappa och dels via egna försök, rätt så smideskunnig. På deras arrenderade torp i Hagsätra, där han växte upp, fanns en smedja, som hans pappa ofta arbetade i vid sidan av sitt förvärvsarbete.

Eftersom min farfar, smeden och bilmontören Gustaf, dog redan när pappa var fjorton, fick pappa som äldsta barnet axla ett stort ansvar väldigt tidigt.

Att arbeta som rörmokare var att arbeta i byggbranschen. På 30-talet och även under de kommande 20-25 åren byggde man inte under vintern. Då blev det lite knappare med försörjningen för byggjobbarna, särskilt om man inte fick något temporärt extraknäck.

Hans mamma, änkan, som räknade med hans inkomst som behövlig förstärkning till familjens inkomst, hjälpte honom att tycka att byggsvängen var för osäker som födkrok. Nej, det fanns ett jobb inom kommunen, inom Stockholm Stad, som serviceman, som han kunde söka.

-Sta´ns kaka är liten men säker.

Pappa sökte och fick jobbet. Det jobb, som han kom att ha under hela sitt liv och som han vantrivdes mer eller mindre med hela tiden.

Hans jobb var att se till att stadens service fungerade i en rad avseenden till dess innevånare och tillfälliga besökare. Mycket av detta innebar att göra insatser på stadens offentliga toaletter, kabinetten, ställen där folk har en otrolig förmåga att ställa till det. Förutom att göra det de skulle, där det skulle göras, gjorde många det nära nog överallt. "Fyllon, eller bara idioter i största allmänhet," kunde pappa mumla.

I toaletterna kunde allt hamna. Både det som skulle hamna där och sådant som inte kunde få hamna där. Det var ett oändligt rensande av stopp i toaavloppen. Åverkan på dörrar och lås var något annat som var vanligt. Inte bara på de offentliga toaletterna, utan lite varstans bland kommunala dörrar. Ja, det mesta kunde gå sönder, särskilt med hjälp av sådana som fann ett nöje i att förstöra saker och ting, parkbänkar, till exempel. Under 60-talet fick han en ny, en extra uppgift som inte var att laga det som var trasigt. Han såg till att värmeslingorna under Hötorget/ Sergels torg fungerade så marken var snö- och isfri på vintern. Då fick han åtminstone en uppgift han gillade.

Pappa hämtade en bunt arbetsuppgifter på morgonen på den stora verkstaden med kontor på Lindhagensgatan, som han sedan skulle åtgärda under dagen. Det var i praktiken som ett slags betingjobb, eftersom han inte behövde inställa sig där igen innan han åkte hem för dagen.

Då han ju vantrivdes med sitt jobb men trivdes i sin egen lilla verkstad i källaren därhemma, ville han fixa de dagliga arbetsuppgifterna så snabbt som möjligt för att komma hem så tidigt som möjligt. Med åren blev trafiken i staden allt värre och införandet av nitiska parkeringsbolag, som lappade även kommunala servicebilar, gjorde att det ibland var näst intill omöjligt att parkera någorlunda nära arbetsstället.

Daglig hemlängtan, bökig trafik och svåra parkeringsförhållanden blev en kraftig stressfaktor för pappa, som inte mådde bra av sin arbetssituation. Inte hade han någon arbetskamrat i egentlig mening heller utan for omkring mellan de olika uppdragen på egen hand och drack för mycket kaffe med dopp förstås, som "kabinettskäringarna" i all välmening bjöd på.

Pappa stortrivdes dock på landet i skärgården med mamma, även då oftast i blåställ.

Jag kan ändå inte påminna mig att han klagade på sin situation. Han fann sig i den som om den var oundviklig, som om det var hans öde. Hans konstruktionslust och fantasi tog sig en del uttryck i hans lilla källarverkstad i bostaden, liksom hans konstnärliga sinne, i det han smidde en del ljusstakar som han gav bort till släkt och vänner.

En gång byggde han en förstoringsapparat för fotoarbeten med hjälp av en gammal bälgkamera han hittat och det var uppenbart helt fascinerande och roligt. Sedan skaffade han erforderliga kärl, vätskor och fotopapper och förstorade bilder ett tag. Kanske från tre filmrullar? Sedan var det alltmer sällan han gav sig på att ta fram foton och jag blev i stället den som tillbringade en del tid i verksta´n, som pappa ordnat så att den lätt kunde omvandlas till ett mörkrum.

-Varför har du slutat göra bilder, frågade mamma en dag.

-Äsch, sa pappa, det var kul att göra apparaten och de första bilderna för att se om det skulle fungera. Och det gjorde det ju. Se´n blir det som att laga cyklar.

-Va? Laga cyklar?

-Ja, tråkigt. Att stå där och göra bild efter bild. Nej, nu kan ju Ingemar göra bilder i stället. Han tycker kanske att det är roligt.

Jag fann senare att pappa ofta använde uttrycket ”som att laga cyklar” när han tyckte att något var långtråkigt och enformigt. Dock hörde jag aldrig honom säga det om sitt jobb, nej, det var bara om fritidssysselsättningar han uttryckte en åsikt om det var roligt eller ej. En enda gång upplevde jag att han uttryckte något, som visade att han inte gillade sitt arbete:

-Hur fan kan du tycka om att gå till jobbet?

SNATTAREN

Det hade kommit en ny grabb i samma ålder som jag till att bo i vårt område. Han hamnade i en parallellklass till mig och vi var nog tio, eventuellt elva år gamla. Av någon anledning tyckte jag att han var finare än jag, men jag vet inte varför. Kanske för att hans pappa var byggmästare och, som vi snart förstod, hade gott om pengar.

Han var inte särskilt intresserad av idrott, vilket annars var vanligt bland oss, så jag kunde inte imponera på det viset. Inte heller helt ointresserad, så han var trots allt inte konstig i våra ögon. Jag ville dock gärna bli vän med honom, vilket inte var speciellt svårt, visade det sig. Han kom snart med i vårt gäng, men ändå inte riktigt. Det är inte lätt att klara ut varför, trots att jag i skrivande stund försökt erinra mig hur allt fungerade runt honom.

Jag var hemma hos honom flera gånger och han var hemma hos mig ibland. Han var ofta med i våra lekar och det var inget särskilt med det ..... annat än att åtminstone jag hade en känsla av att vi andra var av enklare sort.

Jag kunde inte då och kan inte nu heller finna ut ett enda skäl till denna min känsla, men jag känner igen den än i dag. Jag har för övrigt inte träffat honom sedan vi var femton - sexton år.

På något sätt kände jag, nog omedvetet, ett behov av att klättra upp till hans nivå, men jag visste inte hur. Det, som kom att inledas, kanske var något egendomligt sätt att nå dit? Eller kanske jag bara skyller på detta, för att jag inte hittar någon annan förklaring.

En söndag morgon, då jag som vanligt var uppe tidigt och kokade kaffe åt mamma och pappa som låg och halvsov, fick jag syn på mammas portmonnä på köksbänken. Jag tittade i den och såg en del pengar och ... kvickt tog jag några kronor och stoppade i fickan.

Så gick jag in till mamma och pappa med kaffe på sängen, som jag brukat göra sedan länge. ”Jag är så kissnödig, så det kluckar i halsen” eller liknande skämt kunde pappa dra till med, när han tvingade sig att ligga kvar för att vara extra snäll och tacksam när jag burit in kaffet med bullar till dem.

Nå, morgonen gick som den brukade, men kronorna liksom brände i fickan. Jag kände dem hela tiden och ville ut så snart som möjligt.

Så småningom kom jag också ut och klev iväg mot kiosken, som låg där den blå spårvagnen från Slussen, linje 19, vände. Det var alldeles vid skolan, så jag gick min vanliga skolväg. På vägen dit tittade jag flera gånger på mitt stulna kapital, tre kronor, vilket var ganska mycket på den tiden, i alla fall för mig. Att handla godis, ”snask”, som var begreppet hemma hos mig, för så mycket hade jag aldrig gjort förut. Jag handlade för alltihop, Japp, Sportkola, Alfatabletter och ... jag minns inte allt. En del åt jag upp, men sparade det mesta för att dela med Per-Gunnar, som var den nye pojkens namn.

Lite senare på dagen då jag träffade honom, bjöd jag honom på mina läckerheter och han lät sig väl smaka och var tacksam för min generositet. För att inte väcka konstig uppmärksamhet med en massa godis bland mina övriga kamrater, passade jag på honom då han kom ut, så jag kunde träffa honom ensam, innan några andra fanns på plats.

Flera söndagar i rad upprepades detta och jag kände en blandning av uselhet och stolthet. Usel för att jag tog pengar från mamma och stolt för att jag kunde bjuda Per-Gunnar på godis. Egendomligt nog ifrågasatte han aldrig denna generositet utan tog emot lugnt och städat som det inte var det minsta konstigt.

Jag ökade på mina stölder lite, men var aldrig uppe i mer än fem kronor, som var ett nästan svindlande belopp då.

Hur jag blev ertappad minns jag inte, men det var relativt snart. Jag minns att mamma då sa att ”jag har märkt att det saknas pengar. Först trodde jag att jag mindes fel, men så började jag räkna hur mycket det var från dag till dag och då såg jag att det försvann en del mellan lördag och söndag ...”

Att jag blev indragen i mysteriets lösning, är inte svårt att förstå, med tanke på mammas konstaterande att pengarna försvann just den natten. Eller kanske hon snarare tänkte ”söndag morgon”. Då var ju nästa steg i tankekedjan rätt självklar.

-Ingemar, vet du något om hur det försvinner pengar varje helg?

Jag hade hört mammas initiala fundering och var till en del beredd på frågan, samtidigt som jag kände rädslan och skammen snabbt växa inom mig. Min hjärna fungerade emellertid som den skulle, vilket den för övrigt alltid gjort i pressade situationer:

-Förlåt, det är jag som tagit några kronor ...

Med svag, nästan viskande röst fann jag för gott att erkänna direkt, ”det blir bara värre annars”, sa förståndet åt mig. Detta öppna och samtidigt veka erkännande måste ha berört mammas hjärterötter, för jag kunde inte se ett spår av ilska.

-Men varför, frågade hon lite sorgset oförstående.

-De låg där ... och så tänkte jag ... jag vet inte.

-Men vad har du gjort med pengarna?

-Köpt godis … snask.

-Ville du så gärna ha snask, att du tar pengar, som inte är dina?

-Nej ...

-Nehej?

-Jo, men inte för att ... Jag vet inte.

Jag kunde inte förklara varför jag stulit pengarna. Det var inte för att jag var särskilt godissugen, det har jag aldrig varit och det visste mamma. Att förklara det med att jag ville göra intryck på Per-Gunnar, ville jag inte. Dels kändes det förnedrande att försöka köpa sig vänner och dels kändes det som att dra in den ovetande kompisen i det hela. Det goda, som detta förvirrade resonemang med mamma förde med sig, var att jag insåg att jag borde vara bättre än att både stjäla och att försöka köpa någons gunst. Denna insikt var viktig ...

Det på ett sätt värsta återstod.

-Gå till pappa och tala om att det är du som tagit pengarna. Jag har berättat för honom att jag tycker att det försvunnit pengar.

Detta var en gränslöst tung uppgift, kände jag genast. En sak var det att erkänna rakt ut på direkt fråga, då man kände sig ertappad. En helt annan sak att gå fram och … själv ta upp ämnet!

Hur börjar man? Hur skulle pappa reagera?

Skulle jag få stryk, en ”dagsedel”, som pappa brukade uttrycka sig?

Min vånda var fruktansvärd, mest för det pinsamma och skamliga att ha stulit från mina föräldrar, men jag insåg samtidigt att det bästa skulle vara att göra pinan så kort som möjligt.

Efter att ha repat så mycket mod jag kunde mobilisera, gick jag ut på tomten där pappa var sysselsatt med något jag inte längre minns. Kanske uppfattade jag då inte ens vad han gjorde, så blockerad jag var av denna min enda viktiga, men ytterst obehagliga uppgift.

-Pappa, sa jag till honom, där han stod med ryggen åt mig.

-Ja, svarade han, fortfarande sysselsatt.

Med ett djupt andetag tog jag sats och hasplade ur mig:

-Jag ska tala om att jag tagit pengar av mamma, men att jag aldrig ska göra det igen.

Pappa svarade inte meddetsamma, men slutade sina göranden och jag stod tyst ”nu var det i alla fall sagt”.

Så vände han sig om, lugnt och tittade mig rakt i ögonen.

-Har du stulit från någon annan också?

Pappas fråga överraskade mig, men den var lätt att svara på och jag kände en lättnad av detta.

-Nej, nej, aldrig ...

Det kändes som om min hemmastöld blev något avdramatiserad, när pappa ställde den ”större” frågan.

Pappa tittade forskande på mig och lät sig nöja med detta svar. Så sa han:

-Varför tog du pengar från mamma då?

-Jag vet inte ... Jag såg dem ...

-Har du pratat med mamma?

-Ja.

Jag såg att pappa funderade och att han inte var färdig med samtalet. Tyst väntade jag och kände samtidigt tacksamhet emot honom för att han sagt det han sagt.

Plötsligt sa han:

-Tror du på mig?

Än en gång förvånad över frågan, svarade jag:

-Ja..a.

-Litar du på vad jag säger?

-Ja..a.

-Litar du på att vi, mamma och jag, vill det bästa för dig?

-Ja..a.

Jag minns att jag var förvirrad av dessa frågor. De var så konstiga, därför att svaren var så självklara, nästan dumma. Så självklara att frågorna var alldeles onödiga.

-Det är förbannat viktigt att du har förtroende för mig. Ja, att du litar på mig. Jag hoppas, att inte bara du gör det. Jag hoppas, att alla som känner mig, har förtroende för mig.

Pappa tystnade och jag hade här inget att säga, jag bara lyssnade, lyssnade noga, för jag ville hänga med och inte göra bort mig mer.

Så fortsatte han, liksom dröjande mellan orden så varje ord kunde sjunka in:

-Jag vill också kunna lita på ... dig, ha förtroende för dig. Jag vill kunna lita på alla jag känner, men allra viktigast är att kunna lita på dig.

Jag började förstå hela vidden av vad han vill förmedla och jag kämpade emot tårarna. Jag vill inte gråta, jag ville visa mig ”manlig” i detta samtal efter den oväntade vändning det tagit. Pappa lade sina händer på mina axlar och sa:

-Nu är det här över. Du har gjort en dumhet, men du har erkänt den och jag vet att du ångrar dig. Något har du säkert också lärt dig. Nu litar jag på att det inte händer igen.

Så tog han bort händerna och nickade åt mig, vände sig om och fortsatte med sina sysslor.

Jag traskade iväg med känslorna svallande inom mig: Tacksamhet, glädje, men också en känsla av ”nu jävlar ... ska jag visa att jag är att lita på”.

Som vuxen inser jag att mamma och pappa haft en ganska ingående dialog i denna fråga och att pappa var väl förberedd, då jag kom för att erkänna. Jag har sent i livet också förstått, att en många gånger rätt betydande del i pappas roll hade mamma som regissör.

Mamma hade en tro på att pappas ord liksom vägde tyngre ... och kanske hade hon rätt? Mamma fanns, i sina egna ögon, nära, kanske för nära väldigt mycket, det var ett längre avstånd till pappa, därmed trodde hon nog på en större respekt för hans ord. Kanske var det så … innan jag blev vuxen.

Vad jag ändå inte fattar, ens som vuxen, är:

Varifrån kom all den klokhet som mina föräldrar visade denna dramatiska dag, den dag som kom att sätta så djupa spår i mig?

De hade ju ”bara” folkskola bakom sig …

JESUSBERGET

Det finns två saker som konstigt nog hänger ihop lite. Den ena är den blå spårvagnen, linje 19, som gick mellan Slussen och Örby skola. Den andra är det lilla berg, som fanns i mitten av den cirkel, som spårvagnsspåren utgjorde vid vändplatsen, nämligen mitt för skolgården.

Spårvagnen gick alltså från Slussen och i tunnel fram till Skanstull, över Skansbron och uppför Hammarbyvägens backe till station Johanneshov, som låg lite söder om nuvarande Gullmarsplan. Därifrån gick ”min” linje 19 åt höger mot Slakthuset, stationen, som idag heter Globen. Linje 19 fortsatte sedan samma väg som dagens tunnelbanelinje 19 med en extra hållplats, Lindevägen, som inte finns idag, innan Enskede Gård fram till Stureby, där den vek av åt höger, kortaste väg mot (Gamla) Huddingevägen. Den gick sedan parallellt med denna huvudgata till strax före Örby Skola där den vek av snett vänster och kom så fram till ovan nämnda vändplats mitt för skolgården.

På min skolväg passerade jag en liten skogsdunge innan jag kom fram till spåret, vilket jag korsade två gånger innan jag klev upp vid kiosken och väntsalen som fanns där vid ändhållplatsen.

Ibland hände det att vi roade oss med att lägga små saker på spåret för att se hur de skulle klara sig mot spårvagnens stålhjul. Det var aldrig något stort vi lade dit, vi hade väl ändå en känsla av att det inte fick gå på tok.

Omringat av spåret stod i mitten ett litet berg, som snart kom att få namnet Jesusberget av mig. Detta hängde ihop med min skolfrökens målande berättelser i kristendomsundervisningen och min redan då livliga fantasi.

Alltså, Jesusberget som jag senare döpte det till, tronade där i mitten av den gräsplätt runt vilken spårvagnen löpte i sin vändcirkel. På den sida av berget som vette mot själva hållplatsen, hängde en stor, stabil järndörr lite på trekvart. Gångjärn och lås var trasiga och rostiga och innanför dörren fanns ett litet rum insprängt. Där vill jag minnas att det fanns något sängliknande, också i järn. Rummet var kanske 10-12 kvadratmeter, jag minns inte så noga.

Förmodligen hade det varit ett mindre skyddsrum?
Eller något annat obegripligt.

Hållplatsen vid Örby skola där spårvagnen vände. Bilden tagen från Jesusberget. Vid den kiosken gjorde ”snattaren” sina inköp.

Jag tror att det var i andra klass. Fröken, som vi alltid sa om kvinnliga lärare, var gammal och erfaren och en duktig berättare. Hennes namn var Ester Andersson och hon berättade om kristendomen och bibeln på ett målande sätt.

Det var två olika berättelser som kom att ge berget en plats i min fantasivärld.

Den första berättelsen handlade om Moses och stentavlorna.

Moses gick ut i skogen och upp på ett högt berg, där han mötte Gud själv. Där utspann sig det dramatiska att Gud utsett honom till att meddela sina viktiga levnadsregler till mänskligheten. Det var inte vilka regler som helst.

Nej, det var ”tio Guds bud”, nedskrivna på stentavlor för att inte förfaras.

Tänka sig, där stod Moses högt uppe på berget med famnen full av stora stentavlor med Guds budord på. De tavlorna fick ju inte slarvas bort och hur stackars Moses lyckades ta sig ner från berget med alla dessa tunga tavlor kändes obegripligt.

Jag såg honom för min inre syn stå där på berget innanför spårvagnsspåret och titta upp emot himlen, där Gud fanns och gav honom tavlorna. Jag såg honom också hjälplöst stirra på dessa tavlor och undra hur han skulle komma ner med allihopa utan att tappa dem så de gick sönder.

Varje gång jag sedan på väg till och från skolan passerade detta berg funderade jag på hur han lyckades ta sig ner. Min fantasi löste aldrig det problemet, men berget fick en tid efteråt en annan roll.

Fröken Ester Andersson hade nu avancerat i kristendomsundervisningen till Jesu liv. Hon hade berättat om Jesu bravader, underverk, och hade så kommit fram till den för honom sista påsken.

Hon berättade om rättegången mot den stackars Jesus, om Pontius Pilatus, romarnas ståthållare på plats och om trycket från fariséer och skriftlärde att Jesus skulle dömas till döden.

Det hela var förfärligt och jag såg för mitt inre hur man spikade fast hans händer och fötter på det stora korset och tryckte törnekronan på hans huvud. För säkerhets skull berättade fröken att törnekronan var full av vassa taggar som trängde in i skinnet mot skallbenet. Hela berättelsen var för mig på gränsen till outhärdlig. Jag hade ju inte bara livlig fantasi, jag var dessutom ett känsligt barn. Kanske ska jag kalla det känslosamt?

Nå, den förfärliga berättelsen slutade med att Jesus äntligen fick dö ifrån sina plågor, vilket trots allt kändes lite befriande. Han togs ner från korset, sveptes i något vitaktigt tyg och bars bort till en grav i en grotta i berget. Där lade man ned honom försiktigt och man stängde graven med en stor sten och gick sedan hem och sörjde.

När man nästa dag kom till graven var den öppen, stenen var bortrullad, det vill säga järndörren till skyddsrummet, Jesusbergets grav, var uppbruten, och graven var tom.

Härligt, Jesus hade vaknat upp, sparkat eller knuffat upp dörren och stuckit iväg. Han var mycket starkare än alla andra och järndörren hade fått sig rejäla törnar, så både lås och gångjärn brustit.

Sedan samlade ju Jesus ihop sitt gäng igen och sa att han nu skulle upp till sin pappa i himlen och att de andra skulle fortsätta att vara så duktiga som han varit.

Historien om Moses på berget ersattes av den ännu mer dramatiska historien om Jesus i berget.

Så länge jag gick i Örby skola, och det var ytterligare fyra och ett halvt år, sneglade jag på Jesusbergets grav när jag passerade till och från skolan.

Numera finns varken Jesusberget, spårvagnsspåren och hållplatsen kvar. Där ligger i stället Örby Skolas bollplan. Och där Örby Skolas bollplan låg ”på min tid” ligger nu Örby Centrum.

HALSMANDLARNA

Jag hade många infektioner, ”förkylningar”, när jag var riktigt liten. Det var ingen större fara, men så småningom tyckte doktor Hultén, som var barnläkare och hade för den tiden ganska långt och lockigt hår, att det nog vore bra om man opererade bort halsmandlarna. ”Doktorn har burrigt och killigt hår”, sa jag till mamma, när jag beskrev hur det kändes när han lyssnade på hjärtat. Doktor Hultén använde inte stetoskop i onödan. Han lade huvudet intill när han lyssnade på hjärtat och det kittlades. Kanske ville han bespara barnen det kalla järnet mot kroppen?

Ja, det blev bestämt att jag skulle opereras och den dagen kom rätt kvickt. Vi hade fått en snabb tid, kanske ett återbud och som tur var, var jag inte förkyld just då.

Själva operationen minns jag inget av. Inte heller tiden på sjukhuset, varken före eller efter operationen. Det första jag minns efter själva ingreppet, var att mamma sa till mig att vi skulle ”ta droska hem”.

Jag vet inte hur andra uttryckte sig, men hos oss sa man droska. Inte taxi. Trots att pappas morbror var taxiägare. Nej, hos oss var han droskägare. Ordet verkar ha hängt kvar sedan hästdroskornas tid.

Nåja, mamma var alltså beredd att kosta på oss taxi hem från Södersjukhuset till Örby. I mitt nyss uppvaknade, ännu lätt förvirrade och halvsovande inre kände jag att det måste vara dyrt. Så liten jag var, kanske sex-sju år gammal, var jag övertygad om att det vore bättre för vår familj att spara på den utgiften.

-Nej, sa jag hjältemodigt, vi åker spårvagn som vi gjorde när vi åkte hit.

-Men det orkar du inte och jag orkar inte bära dig, sa mamma.

-Jo, jag orkar ...

-Ja, vi försöker väl då. Vi kan ju ta en bil om det inte går.

Ut från Södersjukhuset och nedför den långa backen mot Ringvägen, där fyrans spårvagn hade en hållplats. Den friska luften gjorde det lite lättare och vi kom efter en långsam promenad ner till hållplatsen. Den blå spårvagnen kom och vi kom med. Det var mycket folk därinne och ingen ledig sittplats.

Vi fick då lov att stå den korta biten fram till Skanstull, där vi skulle byta till en annan blå spårvagn, linje 19, som gick till Örby skola.

Vi gick trapporna ner mot den underjordiska station, som faktiskt är densamma som idag används av tunnelbanan. Spårvagnstunneln, den så kallade Södertunneln mellan Slussen och Skanstull invigdes 1933 och innan tunnelbanan tog över trafiken, var det de blå spårvagnarna som svarade för ruljangsen.

Även här var det mycket folk och mamma och jag fick stå. Jag blev snart illamående och yr, så jag satte mig på golvet.

Södertunneln

-Men kom upp, jag ska be någon lämna plats så kan du sitta i mitt knä, viskade mamma oroligt.

-Nää, det går bra här, svarade jag trots illamående och yrsel.

-Mår du illa?

-Nää … jo, lite.

Mamma fick plötsligt en sittplats lite framför där jag satt på golvet längst bak.

-Kom, nu kan du sitta med mig.

Station Ringvägen, i dag dock med namnet Skanstull.

-Det är bättre här. Inte så varmt, svarade jag från golvet.

-Stackare, ömkade sig mamma och såg sig om på andra passagerare, men ingen verkade bry sig om det hela. De kanske tyckte att det var ett oförargligt hyss från den lille gossen på golvet. Han störde ju ingen.

Färden kändes oändlig via nuvarande Gullmarsplan, som då hette Johanneshov, Slakthuset (i dag Globen), Lindevägen (finns ej i dag), Enskede Gård, Enskedefältet (i dag Sockenplan), Svedmyra, Stureby, Örbygränsen, Juliaborg och Örby Skola. Jag mådde illa och var flera gånger nära att kräkas, men jämrade mig inte, för det var ju min egen idé att ta spårvagnen hem.

Efter att ha kört varvet runt vid ändhållplatsen var vi äntligen framme. Vagnen tömdes på folk och mamma gick av näst sist, för sist vacklade jag ut hållandes mamma i handen. Blek om nosen sa jag tappert ”vi är snart hemma”, som om mamma inte visste det, men det var väl ett sätt att visa att jag i alla fall klarade strapatsen så vi kunde ta oss hem på billigare sätt än taxi.

Vid ändhållplatsen med Örby skola snett bakom till höger.

Vi stapplade hemåt. Dagens prövningar skulle snart vara slut, bara cirka fyra-femhundra meter återstod.

Mamma var mentalt slut, då hon hela tiden led med mig och jag mådde fortfarande dåligt efter narkosen jag genomgått i samband med operationen.

Så, plötsligt, kom en räddning.

Ett rop hördes bakifrån, "men vad är detta för en ömklig syn!"

Kalle, min brevbärarkompis tillika farbror, kom trampande uppför Sköldingevägsbacken. Han stannade och tog sig en titt på sin slitna brorson och lyfte upp honom.

-Lilla gubben, du är ju alldeles väck!

Mamma gav Kalle en snabb förklaring … operation … dyrt med droska … spårvagn och illamående.

-Ta cykeln, så bär jag honom hem, sa Kalle och på hans starka, vältränade armar kom jag så hem utan att behöva gå de sista trehundra meterna.

Kalle bar upp mig i lägenheten och la mig på kökssoffan.

-Ligger du bra där? Vill du ha nå't att dricka? Kalle fortsatte sina omsorger medan mamma sjunkit ner på en stol.

-Ja, tack, jag ligger bra här men jag vill inte ha nå't att dricka.

-Nää, sov ett tag, så blir du som folk igen.

Jag blundade och faktiskt njöt av att bara ligga och hörde som i en dimma det i vår familj så vanliga uttrycket "... blir du som folk igen".

Förmodligen somnade jag kvickt för jag minns inget mer förrän jag hörde pappas röst, "... var för dyrt att ta droska?"

Jag öppnade inte ögonen utan låtsades sova, för jag ville höra deras resonemang.

-Ja, han tyckte vi behövde de där pengarna bättre än att åka bil hem. Men jag kände det som att det skulle bli för mycket för honom.

-Men han fixade det?

-Ja, illamående och slut satt han där på golvet i spårvagnen och jag led verkligen med honom.

-Och han gnällde inte?

-Nää, inte ett ord.

-Fan, va' starkt, nu blir jag stolt.

-Vi hade lite tur också. Efter en liten bit på Sköldingevägen kom Kalle från jobbet och bar hem honom.

-Ser man på, kan vara bra att jobba nära hemmet ibland.

-När han lagt Ingemar här och skulle gå, gav jag honom en stor kram och ett stort tack för hjälpen.

-Det var väl bra ... och naturligt.

Samtalet ebbade ut och jag tror jag slumrade ett tag till innan jag vaknade upp på riktigt och kände mig mycket bättre, så pass bra att jag bad om att få något att äta.

-Du kan ta ett glas mjölk så länge, jag är snart klar med maten, sa mamma.

-Var är pappa?

-I källaren.

-Kommer ha upp snart?

Jag ville gärna att han skulle komma och berömma mig i vaket tillstånd.

-Han kommer säkert. Han är också hungrig.

Pappa kom upp från källaren och såg på mig med ett roat småleende.

-Du var in i helvete duktig idag har jag hört. Sparade pengar och det är rätt, man ska inte kasta ut pengar i onödan. Du gjorde't bra och det du sparade åt oss räcker till en festmåltid på lördag. Vad vill du ha då?

-Mammas köttbullar är nog godast.

-Det var inte det dyraste, då bli det nog lite över av det du sparat åt oss.

Jag nickade och kände mig väldigt stolt, förutom att jag såg fram emot lördagens lilla fest med alla på gott humör.

PAPPA - UPPFINNAREN

En dag kom pappa hem med en ljusbrun, fin och ny plånbok i handen. I ena hörnet var Stockholms Stads vapen, S:t Erik, tryckt i guld, som det såg ut.

Han la plånboken på en byrå i hallen, innan han klev in i köket för att sätta sig till bords. Mamma, som befann sig i det kombinerade vardags- och sovrummet då han inträdde genom dörren, kom lagom för att se när han lade ifrån sig plånboken.

-Har du köpt en plånbok? Mamma lät förvånad.

-Nej, jag har fått den.

-Fått den?

-Ja.

Jag, kanske tio år gammal, tittade och lyssnade nyfiket.
Min fyra år yngre syster var i vårt gemensamma sovrum.

-Jaså, fortsatte mamma, vem har du fått den av? Får jag se!

-Av en höjdare på jobbet.

Pappa räckte över plånboken.

-Ååh, vad fin den är. Mamma öppnade den och stängde igen.
Hon luktade och kände på skinnet.

-Men varför? Mamma tittade upp. Varför fick du den?

-Äh, det var ett förslag jag lämnat in, som de skulle börja använda.

-Vad då? Men berätta då! Mamma var nyfiken och otålig.

Pappa suckade. Han var inte särskilt intresserad av långa utläggningar och dessutom hungrig.

-Vi sätter oss, så kan vi äta samtidigt.

Alla fyra satte sig vid bordet och började skala den kokta potatisen.
Mamma skalade åt Ingegärd varvid hon undslapp sig ett ”nåå?”.

-Jag blev så jävla irriterad på alla uppdragna skyltar, särskilt de där små i parkerna.

-Skyltar?

-Ja, du vet, så´na där ”sandas ej” och andra också, förresten.

Och inte fan vet jag vilka det är som tycker det är så jävla roligt att vicka loss och dra upp dem. Om det är några ungjävlar eller ...

-Mmm. Mamma sa inget, men undslapp sig ett uppmuntrande läte.

-Så tänkte jag ut ett sätt att få stopp på skiten.

Pappa tystnade och ägnade sig energiskt åt maten, stekt strömming med kokt potatis och lingonsylt till.

-Ja, men se´n då? Mamma var inte nöjd med pappas förklaring.

-Se´n? Vad då?

-När du tänkt? Vad gjorde du då?

-Jag ritade ner hur man skulle göra stolparna och lämnade in det, förstås.

-Förstås?

-Ja, vad fan skulle jag annars göra?

Mamma gav tillfälligt upp, men jag hade blivit ordentligt nyfiken och kunde inte vänta på ett eventuellt utförligare svar.

-Hur skulle man göra stolparna då?

Pappa såg upp och tittade på mig. Jag såg, att han tänkte. Så vände han sig om, drog ut en låda och tog fram en brödkavel.

-Om du tänker dig att brödkaveln är nederdelen av stolpen, en jävla tjock stolpe förresten ... Du får tänka bort handtagen också.

Jag, mamma och Ingegärd väntade på den spännande fortsättningen:

-Så skruvar vi dit ett slags lätt böjda metallpinnar längst ner, tre eller fyra stycken runt om, så här ...

Han tog sin och min gaffel och la dem emot brödkaveln längst ner, med böjen utåt och visade att man skulle ha en eller två till.

-Man fäster dem så här ... och så gräver eller slår man ner stolpen lite djupare än den ska vara sedan. Pinnarna ligger nu tätt intill stolpen ... Se´n drar man upp en liten bit, så långt man orkar och det är inte långt, för pinnarna böjer sig utåt och stannar i 45 graders vinkel. Ska man sedan dra vidare och få upp stolpen ska man vara så stark, att man drar upp den med en stor jävla jordklump. Och extra jävligt är det, eftersom man själv måste stå där och dra ...

-Vad då, stå där ..?

-För att orka måste man stå helt intill stolpen och dra med all kraft och då måste man vara så stark, att man drar upp marken man själv står på.

-Men ... det går väl inte?

-Nej, det är det som är meningen.

Alla var nu nöjda med förklaringen och åtminstone jag var mycket stolt över min klurige uppfinnarpappa. Vi åt under tystnad och sedan återgick allt till det normala.

Lite senare på kvällen hörde jag mamma fråga pappa:

-Hur mycket tjänar sta´n på din uppfinning?

-Det vet jag inte.

-Tror du det är mycket?

-Har jag inte tänkt på. Jag menar, i pengar alltså. Jag tyckte mest bara att det var så jävla retfullt med bustagen.

-Jamen, envisades mamma, vad tror du?

-Ja, va´ fan, själva stolparna blir ju lite dyrare, så det kanske går jämnt upp. Jag har inte tänkt på det, jag vet inte ... just nu, i alla fall.

Så blev det tyst från vardagsrummet. Jag låg i min säng och läste medan min lillasyster redan sov.

-Vad de tjänar är väl att stolparna, skyltarna menar jag, sitter där de ska.

Pappas röst hördes igen, reflekterande på uppfinningens konsekvenser. Så var det åter tyst och jag hade lagom börjat läsa igen, då jag hörde pappa fortsätta:

-Och så behövs det inte att någon åker runt och sätter upp nya skyltar. Det är kanske det, de tjänar pengar på?

-Då är en plånbok en väldigt fattig ersättning för en bra idé, hördes mammas röst. Det lät som om hon äntligen kommit dit hon ville i resonemanget.

-Ja, men fan, jag gjorde det inte för att tjäna pengar. Jag ville bara att det skulle fungera med skyltarna, för nå´n jävla anledning är det ju till att de står där.

-Ja, det är bra. Men de kunde ju uppmuntra folk med bättre belöningar. Då skulle de kanske få fler bra förslag.

-Tror du? Varför det?

-Ja, då skulle kanske fler anstränga sig, att ...

-Nej, men fan, avbröt pappa, varenda jävel, som ser en möjlighet att göra nå´t vettigt, gör väl det. Det har väl inget med pengar att göra?

-Jo, det tror jag.

-Äh, det tror inte jag ... och det skiter jag i förresten. Andra jävlar får väl göra efter sitt samvete.

Det blev tyst igen och jag funderade en stund på den diskussion jag just hört. På något sätt kände jag sympati för pappas inställning, den var både okomplicerad och generös. Så återupptog jag läsningen, men tröttheten smög sig snabbt på och jag somnade. Dagen efter var allt som vanligt igen.

Pappa fick fler belöningar. Som han sagt, lämnade han gärna sina idéer till förbättringar vidare och han var nöjd med att hans konstruktiva tänkande kom till nytta. Belöningarna hade mest en symbolisk betydelse, en klapp på axeln, något som pappa uppskattade för vad det var. Han tyckte alltid att det var naturligt att ”hjälpa till så det blir nå´n ordning.”

Som vuxen har jag undrat över pappas talang och hans skolgång. På hans tid var det viktigast att lära sig att räkna och skriva och att kunna rabbla psalmer utantill. Räkna och skriva var det inga problem med, men psalmverserna ...

Pappa har aldrig kunnat lära sig utantill. I hela sitt vuxna liv, sjöng han i kör, ja, körer, två stycken. Som bas (andrabas) stod han i bakre ledet och det var bra, för han behövde ”fusklapp”. Inte ens de sångtexter, han jobbat så mycket med och sjöng så ofta, kunde han tillräckligt bra. Han hade alltid texterna på papper i smyg i handen som stöd.

Som barn kunde han inte heller lära sig utantill och hans skolbetyg blev därefter. De flesta skolämnena hade på den tiden stora inslag av mekaniskt utantillärande. Pappa lämnade skolan med ett tillstukat självförtroende och en övertygelse om att boklig kunskap inte var för honom.

Som vuxen har jag undrat över hur pappa skulle klarat sig i dagens skola. Bra mycket bättre i alla fall.

Min kusin Anita och jag hos fotografen.

Badmintonplanen som var skridskobana på vintern.

Mammas föräldrahem, Justerbacken, utanför Lugnvik.

Kusinskara, i längdordning: Lennart Ö, jag och Ingegerd Ö, samt min lillasyster Ingegärd och lilla Britt-Marie Öström.

Pappa i sjömanskostym i mellanraden, lite till vänster.

Från en ”gökotta” på Utsiktsberget.

En av Örby Sångsällskaps många fester.

I knäet på pappas lillebror Kalle med Anita hos mamma på tomten i Örby.

Hagsätra torp före branden, som anlades av min pappas morfar i fylla och vredesmod. Denna historia slutade i tragik med självmord i fängelset.

Bokens unge författare och författarens mormor och morfar.

Min unga mamma poserande på berget ovan barndomshemmet med vacker utsikt.

Pappa var ingen mästerfiskare, men fick en gädda ibland.

Här växte jag upp och ibland var det vinter.

Lilla dottern har fått en nästan riktig armbandsklocka av tomten.

Min farmor och hennes virkande ”med sytråd”, som jag tyckte. Ju tunnare tråd desto fler glasögon på hennes praktiskt lagom böjda näsa. Farmor var ju den sammanhållande länken i den öppna, positiva gemenskap, jag befann mig som barn.

Farmors tre söner, Tosse (Thor), min pappa (Sture) och Kalle (Karl-Gustaf). Sönerna var väldigt viktiga för mig på olika sätt och under olika tider. De gav mig många bestående intryck, som framgår av bokens text.

UTSIKTSBERGET

I kanten av vår del av Örby låg Utsiktsberget. Därifrån kunde man se ända till Södersjukhuset på Södermalm och, om inte det legat i vägen, hade man också kunnat se Stadshustornet med de tre gyllene kronorna.

Toppen av det ganska vidsträckta berget var som ett runt kalfjäll, inga träd, alltså. Vi bodde nära, västnordväst om berget, alltså på sidan som i stort sett vette mot staden och vi bodde högt. Hemifrån oss till toppen var det inte mycket stigning alls, men från toppen och rakt västerut var det brant, klippigt, högt och fullt med stora ekar. Mer lagom brant för bland annat skidåkning var det norrut. Österut fortsatte berget långt, längre än våra barnsliga jaktmarker sträckte sig.

Norr- och österut fanns en hel del riktig storskog och ungefär hundra meter åt nordost och utför från toppen fanns ett spännande kärr med bland annat gott om grodyngel vid rätt årstid. Annan årstid kunde vi åka skridskor där. Mer om det lite senare. Runt kärret fanns diverse kojor och kojruiner som skvallrade om våra lekar i både nuet och från tidigare år.

Utsiktsberget var en viktig plats för Örbyborna. Både för barn och vuxna. Jag minns två vuxentilldragelser som förekom årligen, då jag var barn: Majbrasan och gökottan. Bakom dessa låg kören Örby Sångsällskap.

Majbrasan var från början en mycket anspråkslös tillställning, där man släpat ihop en massa ris på toppen av Utsiktsberget och så eldade man upp det hela på kvällen den sista april. Kören stod då i eldskenet bland klippor och sten och sjöng sånger för den annalkande våren. Det var körens egen lilla hyllning till den kommande årstiden och det var också ett sätt att sjunga lite offentligt i all enkelhet.

Efterhand utvecklades det hela och körmedlemmarna tiggde ihop virke till en estrad, som man byggde upp och plockade ner vid varje årliga tillfälle. På den estraden uppträdde sångkören, Bondkapellet och någon vårtalare. Den musikaliska kvintetten Bondkapellet väckte alltid stor förtjusning, utklädda till gammeldags bönder och med diverse lösskägg: Min pappa på dragspel, pappas lillebror Kalle på gitarr, pappas morbror Tor på lätt falskspelande fiol, målaren och pappas kompis Pelle Pettersson på välljudande fiol och så den spexande dirigenten Einar Melén på munspel och med en rostig cykelframgaffel som ”behövlig” stämgaffel, då morbror Tor spelade extra falskt. Samtliga dessa herrar utom morbror Tor var dessutom medlemmar i Örby Sångsällskap.

Så småningom tiggde man också ihop pengar till ett litet fyrverkeri. Alltsammans växte och blev allt större, liksom det omgivande samhället, som kröp allt närmare berget med sin bebyggelse. Folk kom från när och fjärran och tillställningens utbud berikades av både lotteri, korvgubbe och sockervaddsförsäljare.

Bondkapellet: Morbror Tor, Kalle, Einar Melén, Pelle Pettersson och pappa.

Körens medlemmar gjorde allt ideellt, bara för glädjen att ha en uppskattad tillställning. Inte minst viktig var samvaron under såväl uppbyggnads- som nedmonterings- och städfas. Då gick det åt sill, nubbe och mackor. Inte så mycket öl, vad jag minns. Mycket ”slänga käft” och skratt, däremot. Jag var alltid närvarande då det byggdes eller revs. De vuxnas sätt att berätta, att skoja, att i glädje utföra något utan att tänka på betalning, bara för en ömsesidig festlighet, fascinerade mig.

Samhällets tillväxt kom så småningom att ge dödsstöten åt majbrasan på Utsiktsberget. Bebyggelsen kom så nära, att brandmyndigheternas krav blev oöverstigliga för det ideellt arbetande gänget. Majbrasan lades ned till stor sorg för allmänheten. Jag tror att jag var femton, möjligen sexton år då.

Gökottorna hölls bara inom kören. På den norra sluttningen av berget samlades man i gräset redan från klockan fem - halv sex på morgonen. Tanken var väl att man skulle upp och höra majgöken på morgonen, men någon eller några nubbar senare var stojet så högt att gökarna till stor del gol förgäves.

De ”stackare”, som anlände fram emot klockan sju på morgonen med sina picknickkorgar, möttes av glada tråkningar, såsom: ”Har du AT med dig?”

AT, Aftontidningen, var socialdemokraternas kvällstidning, som fanns parallellt med Aftonbladet och Expressen och som kom ut på sen eftermiddag.

Bild från en gökotta med pappa i förgrunden.

Det sjöngs, lektes och stojades hela morgonen på Kristi Himmelsfärdsdag och då man började tycka att det var dags för lunch, bröt man upp och skingrades.

Jag minns att gökottorna var väldigt glada, innerliga och uppsluppna. Emellertid tog också de slut och det främsta skälet var att allt fler av körens medlemmar skaffade sommarställen, som kom att prioriteras.

Så kan man fundera på om det ökande ekonomiska välståndet inneburit en minskning av det ideella engagemanget och samvaron och därmed också, i alla fall i mina ögon, en värdefull dimension gått förlorad?

Vi barn hade Utsiktsberget på året-runt-basis, men mest på vintern. Redan då jag var bara kring sex år, vet jag att jag åkte skidor på Utsiktsberget, ofta med Kalle Ramström, en jämnårig kamrat, som bodde granne med bergets topp.

Vi åkte på norra sidan, där det var en ganska lagom sluttning för oss, som också kändes lagom lång. Det gällde ju att ta sig upp igen efter varje utförsåk.

När vi blev något år äldre, vågade vi oss vidare. Den "lagoma" sluttningens fortsättning stupade brant via ett gupp mot slutet av branten ned mot en bred stig, som i sin tur med svag sluttning och efter en del slingrande kom ut i den del av Örby, där vi sällan eller aldrig vistades.

Då man följt backen så långt, var det väldigt knogigt att ta sig tillbaka ända upp igen. Hela denna backe var säkert drygt 200 meter lång och på grund av allt uppförsknog åkte vi inte så ofta hela vägen. Men det blev nog ändå kanske tio långa färder hela vägen per dag.

Annars gnodde vi upp och ner bara på den övre delen och hade väldigt roligt med det.

En dag hade mamma fått för sig att hon skulle göra oss sällskap och åka skidor i backen. Då var jag gissningsvis nio år och min syster fem. Vi var många i backen den dagen.

-Var kan jag åka, frågade mamma, norrländskan, som åkt skidor hemma i Ådalen på sin pappas hemmagjorda.

Förvånad men också glad över det oväntade besöket på toppen av Utsiktsberget, ville jag hjälpa mamma så gott jag kunde.

-Jag visar dig, sa jag och ropade, medan jag åkte före:

-Kom då!

Och mamma kom. Lite osäkert såg det ut, trots den måttliga lutningen. Det högg lite under hennes sedan lång tid oanvända skidor, men mamma närmade sig mig med rätt god fart, där jag stannat upp före branten. Det så olycksbådande ut och jag insåg att hon skulle få problem att stanna.

-Stanna här, ropade jag högt.

-Jag kan inte, skrek mamma tillbaka och hennes skidor fortsatte tvärt emot hennes vilja, gick som på räls över kanten och så bar det iväg utför branten. Jag hörde hennes ”neeej ...”, medan farten accelererades kraftigt.

Strax nådde hon guppet och framåtlutad, vinklad i höften och med i stort sett raka ben, fanns bara ett resultat att förvänta: Guppet slungade mamma framåt, för ett ögonblick låg hon i luften horisontellt, för att sedan landa på sin väl tilltagna barm. Hon kanade framåt på magen och stannade där backen planade ut i början på stigen.

Skräckslagen tog jag mig snabbt ner och fann till min lättnad att hon klarat sig bra. Men hon såg både rädd och hjälplös ut och jag ville uppmuntra henne så gott jag kunde:

-Du såg ut som en riktig backhoppare, mamma!

Hon tittade på mig utan att svara.

-Slog du dig?

-Jag tror jag svimmade en stund.

-Gör det ont nu?

-Nej då.

Hon tog av sig skidorna och började gå uppför backen med dem i ena handen och stavarna i den andra.

-Vart ska du, mamma?

-Hem.

-Ska du inte åka mer?

-Nej.

Mamma på väg mot Utsiktsberget

Jag och alla andra barn tittade efter henne, där hon sakta vandrade tillbaka och försvann på andra sidan krönet. Så minns jag att jag tänkte, att "hon blev nog rädd, stackars mamma." Jag minns också att jag tyckte så synd om henne för att hon så misslyckats ... när hon nu ville vara med. Det var första och sista gången mamma åkte skidor på Utsiktsberget.

En lite snö- och skidåkningsfattig vinter, kanske var det året efter mammas vådliga vurpa, råkade vi i våra ibland lite planlösa strövtåg, komma fram till kärret inne i skogen på Utsiktsbergets sluttning. Det var fruset.

En fantastisk syn mötte oss. Kärret var minst dubbelt så stort som på sommaren och isen var spegelblank. Den från trädstammar fria isytan var inte så jättestor, kanske som en cirkel med tolv-tretton meters diameter. Runt denna var det en möjligen tio meter bred isyta mellan de trädstammar, som fanns runt och delvis i kärret sommartid.

Förtjusta rusade vi hem och hämtade inte bara skridskor utan också fler kamrater och så lekte vi tafattlekar på skridsko i den otroliga miljö vi just funnit.

Den vintern var vi ofta på Kärret och åkte skridskor. Jag tror mig minnas att vi bara upplevde ytterligare en liknande vinter med skridskoåkning på Kärret, men minnet av hur det såg ut lever ännu starkt i mig.

Sommartid var vi inte särskilt mycket på Utsiktsberget. Vi var mer där man kunde spela boll och de få gånger vi inte spelade boll var vi hellre vid vårt vanliga tillhåll för kurragömmalekar. På Utsiktsbergets öppna yta kunde man inte gömma sig och skogen var för tät för att få bra sådana lekar. Någon gång fick vi idéer om att bygga kojor och det var i allmänhet någonstans kring kärret inne i skogen. Dessa lekar blev emellertid för stillasittande för oss när väl kojan var färdigbyggd.

Utsiktsberget som lek- och idrottsplats avtog mer och mer i betydelse för oss, delvis beroende på att vi blev äldre och delvis på att bebyggelsen omkring tog alltmer av området. Idag har jag flera gånger undrat och försökt räkna ut vilket av de hus som byggdes där på senare hälften av 50-talet, som står i kärret.

En gång trodde vi att skogen skulle brinna upp. Sirener från utryckningsfordon var alltid spännande och en dag, då vi lystrade till dylika, noterade vi att ljudet blev allt starkare. Vi fanns på vägen utanför vår tomt, då vi plötsligt såg en brandbil komma farande längs Helgestavägen, svänga upp Järnavägen och fara förbi vårt hus uppför backen.

Nyfikna sprang vi efter och blev strax omkörda av nästa brandbil också den med tjutande sirener. De svängde in Stavsjövägen åt vänster och vi sprang. Så såg vi Kalle Ramström, som bodde närmast Utsiktsbergets topp.

-Det brinner, skrek han åt oss och hela högen av ivriga barn stormade efter brandsoldaterna.

När vi kommit över krönet och spanade nedåt skogen, såg vi brandsoldater på väg tillbaka och en svag röklukt fanns i luften.

-Någon har eldat skräp nere i skogen och det var i stort sett utbrunnet och nu är det släckt, sa en brandman och tillade, men det kunde gått illa.

Vi, som var i den åldern att fantasi och spänning var viktigt, tyckte nästan att det var synd att det inte var värre.

KVÄLLSGYMNASIUM

Utan några egentliga skäl hade jag en känsla av att jag låg min familj ekonomiskt till last under mitt nionde skolår, det sista året i realskolan. Kanske det fanns några bakomliggande faktorer, kanske det att mamma börjat arbeta som skolstäderska, för att vi skulle "ha råd att byta till en ny bil" eller liknande saker? Känslan var i alla fall så som jag beskrivit, men varifrån jag fått den visste jag inte då och vet jag inte nu heller.

Kanske var jag helt enkelt trött på skolan och önskade något annat? Kanske var min känsla av att ligga familjen till last mer ett svepskäl till att sluta skolan? Kanske trodde jag att livets alla möjligheter skulle öppna sig, om jag började tjäna egna pengar?

Hur som helst slutade jag skolan efter realexamen, 16 år gammal. Farbror Tosse hjälpte mig till ett jobb på hans gamla arbetsplats. Jag blev så kallat tullombud på speditionsfirman Norrman & Nilsson, Skeppsbron 16.

Tullombud var ett slags springpojksjobb. Uppgiften var att se till att det gods, som vi hjälpte firmor att importera, snabbast möjligt kom genom tullen. Den viktiga insats vi tullombud fick göra, var då det var extra bråttom med något. Då gällde det att ha skött sina kort väl tidigare gentemot tulltjänstemännen, att "ha tumme med" lagergubbarna och så vidare. På så sätt kunde man få förtullningen att gå snabbare genom en myglande förtur. Jag kände emellertid redan tidigt att det var lite förödmjukande att krypa, att smickra och att sällan eller aldrig säga ifrån. Lismande för överheten har jag aldrig gillat, varken då eller nu.

Detta tullombudsjobb började jag direkt efter skolan, redan under sommaren 1959. Utsikterna var att först skaffa erfarenheter via springpojksjobbet och sedan med tiden komma in på kontoret och jobba med papperen på högre nivå och vara den som skickade ut nya pojkar på tullombudsuppdrag.

Den lite falskspelande mygeltillvaron jag ogillade och upptäckten att den magra lönen inte räckte särskilt långt gjorde, att jag insåg att detta lönearbete inte gjorde mig lyckligare och jag började drömma om något annat. Idrott var något jag alltid gillat och gymnastiklärare eller rent av gymnastikdirektör, som det hette då, seglade upp som ett drömjobb.

Till det bidrog också minnet av min ”gympalärare” i skolan, Ragnar Zethrin, som var omtyckt och hade det mesta i mina ögon. Bra i fotboll var han också, vilket jag märkt inte minst i den årliga matchen Lärare – Elever. Han hade nästan lite idolstatus hos mig. Dessutom hade han fostrat mig i viss mån … mer om det i nästa kapitel.

Någon gång under senhösten ringde jag till GCI, Gymnastiska Centralinstitutet. Jag fick då klart för mig att jag måste ha studentexamen för att kunna komma in där och i denna examen måste ämnet biologi ingå.

Utan att berätta för någon i min familj, beslöt jag mig för att ta studenten via kvällsgymnasium. Nu hade jag verkligen börjat tro på det, som från början kanske varit en villfarelse, nämligen att jag skulle ligga mamma och pappa tungt till last om de skulle behöva försörja mig ytterligare ett antal år. Kvällsgymnasium var därför den möjlighet jag såg och jag anmälde mig och började i januari 1960.

Friskt vågat ..., jag anmälde mig till tre ämnen direkt och hade en plan att klara hela studentexamen på fyra år. Tre ämnen, bland andra matematik, gjorde att jag gick i skolan, Norra Latin på Drottninggatan, fyra kvällar i veckan. Jag, som var 16½ då jag började, var säkert minst tio, kanske 15 år yngre än den yngste av alla mina studiekamrater.

Alla hade de lång tid i arbetslivet bakom sig, mellan femton och fyrtio år. Alla var de ambitiösa och alla visste vad de ville och hade ett bestämt mål med sina studier.

Jag hade också ett bestämt mål: GCI 1965. Tack vare mina vuxna, motiverade och mogna studiekamrater kom min ambitionsnivå säkert att ligga på en högre nivå än den annars skulle ha gjort.

Mina föräldrar blev helt tagna av överraskning, då de blev varse vad jag hade bestämt. Som jag minns, sa de inte mycket, utan de lät mig hållas.

-Hur ska du hinna med all idrott, minns jag att mamma undrade i stilla tvivel över mina föresatser.

-Det ordnar sig, svarade jag och jag försökte verkligen hänga med på all den idrott jag också gjort tidigare.

Förutom de fyra kvällarna mellan klockan 19 och 21, med resor inräknat total tid 18.30 -21.45, var kvällsgymnasiet upplagt på mycket hemarbete.

Och mycket blev det. Arbete, skola, idrott och hemarbete. Januari gick som en dans. Februari gick också bra. Det hårda tempot började dock kännas. I mars tog det emot för första gången. Tröttheten var tydlig och blev allt värre. Det hände ofta att jag somnade ifrån hemarbetet, vare sig jag läste på kvällen eller mitt på en söndag. Jag började allt oftare somna på tunnelbanan hem från aftonskolan också.

En gång blev det alldeles särskilt besvärligt. Jag skulle gå av vid Högdalen två hållplatser före ändhållplatsen som vanligt. Vid Hagsätra, ändhållplatsen alltså, vaknade jag upp. Det var då bara att sitta kvar och vänta på att tåget skulle gå tillbaka mot staden igen.

Omedelbart efter att tåget börjat rulla in mot staden igen, somnade jag och vaknade till då tåget var på väg över Skanstullsbron. Vid Skanstulls station klev jag av och tog nästa tåg mot Hagsätra. Vid Högdalen, där jag skulle kliva av, sov jag lugnt och rofyllt och vaknade ännu en gång i Hagsätra. Då insåg jag att om jag någonsin ska komma hem måste jag stå upp under färden mot Högdalen och det gjorde jag i två hållplatser och kunde äntligen kliva av där jag skulle.

Från Högdalen väntade en bussfärd i fyra hållplatser och det räckte för att jag skulle somna igen. Jag vaknade längre hemifrån än jag varit då jag klev på bussen. Då jag klivit av för att ta nästa buss tillbaka, visade det sig att det skulle dröja nästan en halvtimme innan den skulle komma. Klockan var närmare elva på kvällen i början av april, då jag traskade hemåt till fots. Det var nog ändå det säkraste sättet efter nära två timmars irrfärder med Stockholms Spårvägar.

Mamma och pappa väntade oroligt, då jag kom hem. Jag berättade om min långa resa och sedan gick vi alla till sängs.

Dagen efter sa pappa:

-Ska du ta studenten, har vi nog fan råd att låta dig gå på dagarna.

Lite överraskad och samtidigt glad blev jag av detta korthuggna meddelande. Glad, därför att jag kände att de ville stödja mig. Jag förstod senare att mina föräldrar, innan de somnat, haft en kort överläggning i frågan redan samma kväll som jag farit runt med SS (Stockholms Spårvägar, senare SL, Storstockholms Lokaltrafik).

Tanken på att börja gymnasiet till hösten var stimulerande, samtidigt som jag ändå inte var riktigt nöjd. Jag tyckte att jag misslyckats lite genom att inte orka det jag föresatt mig. Till mina egenheter hör att jag aldrig gillat att inte klara av det jag bestämt mig för. Man kan också med idrottsspråk säga att jag aldrig gillat att förlora. Och det här kändes lite som att förlora.

Jag berättade om dessa mina känslor en morgon för mamma. Hennes svar fick mig att förvånas över det filosofiska anslaget.

-Det var bra att du försökte, för nu förstår du bättre varför du ska ta studenten. Pappa och jag är stolta över den vilja du visade.

De orden gav mig något att grubbla på i flera dagar, minns jag. Jag minns också att orden bet sig fast åtminstone hela gymnasietiden.

Jag sökte om att få börja i Bandhagens Läroverk, där mina gamla kamrater från realskolan gick. De hade börjat det fyraåriga gymnasiet, där det första året var snarlikt realskolans sista år.

Efter att ha tenterat i matematik, franska och historia började jag i andra ring tillsammans med ett antal gamla klasskamrater, som gått ett slags repetitionsår, medan jag jobbat.

Under mitt första år i gymnasiet, insåg jag vilken nytta jag haft av året som gått. Jag hade förstått att man faktiskt går i skolan för sin egen skull, vilket mamma också påpekade! Det insåg säkert de flesta andra också, förståndsmässigt, om de ställts inför frågan, men jag kände och upplevde varje dag att det var ett privilegium att få gå i skolan på dagtid och att det dessutom i stort sett var gratis. Här fanns en för mig tydlig skillnad visavi de andra i klassen.

Den inställning till att få utbilda sig, som jag smittats av tack vare mina äldre kamrater på kvällsgymnasiet, var ovärderlig. Tack vare dem hade jag ett mentalt försprång före mina jämnåriga kamrater i gymnasiet, främst motivationsmässigt och det räckte långt. Jag fick också strålande betyg, säkert mycket tack vare min goda start. Att det hade kommit en ny elev, som var välgörande ambitiös, måste ha varit en positiv upplevelse för klassens olika lärare.

I början av min gymnasietid, tyckte jag att mina nya och gamla kamrater i klassen var otroligt barnsliga. Dock vande jag mig så sakteliga och blev väl med tiden också lite barnsligare? Smittad?

Men jag hade hela tiden förstånd att följa med på lektionerna, vilket underlättade betydligt i betygsjakten.

Min strategiska tanke var att läraren på lektionerna berör det han eller hon anser viktigast att kunna. Likaså ställer läraren sedan frågor mest på det som han eller hon anser är viktigast, vare sig det är muntliga eller skriftliga prov.

Alltså, om man följer med på lektionerna, får man bra tips om vad som kommer att frågas efter på proven.

Studenten tog jag sedan med glans, mycket tack vare påverkan på mig från de hårt slitande kvällsgymnasiestuderande och mina bland dem uppnådda insikter.

Stureby skola två år efter minnesbetan. Bilden förgylls av min kusin Anita.

DEN BETAN KÄNDES

Ja, apropå min gymnastiklärare Ragnar Zethrin, som dessutom var duktig fotbollspelare i Täby IS, har jag en kort historia att berätta. En historia, som hjälpt mig att bli en bättre människa, än jag skulle ha blivit annars. Det tror jag i alla fall.

Det var i realskolan i Stureby i årskurs sju.

Jag hade blivit anmäld till uttagningar till Stockholms Stadslag i fotboll av min gympalärare, av oss kallad Ragge. Min klasskamrat, Torolf Wiman, Trolle kallad, hade också anmälts.

Vi var iväg på ett antal sammandragningar, där vi fick spela inför kritiska fotbollsrepresentanter för att sedan ingå i en ”sållningsprocess” och, om man lyckats visa sig tillräckligt duktig, bli kallad till nästa samling. Det var nog tre eller fyra sådana samlingar och till både min och Trolles förvåning blev vi kvar till slutet, det vill säga, vi blev båda uttagna till Stockholms Stadslag i fotboll, som skulle delta i Nordiska Folkskolespelen.

Efter att uttagningen var klar och offentliggjord, var Ragge glad och stolt över att ha två av sina elever representerande Stockholm, ja, nästan Sverige, kändes det som. Vi kände oss väldigt uppskattade. Åtminstone vet jag att jag kände detta och jag utgår ifrån att Trolle kände detsamma.

Det var några veckor kvar innan vi skulle iväg till Norge och Oslo, där Nordiska Folkskolespelen skulle hållas och skolan pågick som vanligt. Vad jag nu ska berätta om är en gymnastiklektion, där vi spelade fotboll i majsolens sken.

Vi var uppdelade på två lag och spelade mot varandra som vanligt. Eftersom det hände som hände, kan jag minnas att orsaken till att det hände, var att jag var irriterad och gnällig på mina kamrater, både de i mitt lag och även de i det andra laget.

Efter en kvarts spelande med en gnällande och svärande Ingemar, blåste Ragge av och beordrade oss att samlas framför honom. Med ögonen fästa på mig sa han:

-Fram till nu har jag varit stolt över att ha elever som ska representera Stockholm och Sverige i Oslo i Nordiska Folkskolespelen. Efter vad jag hört och sett nu på denna lektion skäms jag att skicka en sådan representant.

Han tystnade och klev fram nära mig, så det var uppenbart att åthutningen inte gällde Trolle. Han fortsatte:

-När jag nu talar om för dig att en svensk sportsman ska uppträda med god stil, särskilt när han representerar Sverige, hoppas jag att du lär dig.

Alla tittade på mig och jag kände mig som en idiot och jag kände också hur rätt han hade. Tårarna trängde fram men jag kämpade emot och viskade ett ”förlåt”.

-Okej, sa Ragge, huvudsaken är att du begriper. Nu fortsätter vi.

Jag har aldrig glömt hur Ragnar Zethrin, den sportsman och gymnastiklärare jag hade och därtill beundrade, lärde mig stil och hyfs på idrottsarenan och jag tror också att det har påverkat mig mer än just där.

Betan har suttit fast och gjort sig påmind i alla möjliga situationer senare i livet.

FATTIG MED LÄSHUVUD

Min mormor fick sex barn. Först Axel, sedan Henning och Oskar. På den tiden bodde de i Skog, en gles by cirka fem kilometer från Lugnvik i Ådalen.

Axel föddes 1911. Han växte upp och blev så småningom en stark och seg bonde. ”Henning och Oskar frös ihjäl före ett års ålder,” berättade mormor, ”det var ibland så kallt inne vintertid att man på morgonen fick börja med att knacka hål på isen på vattenhinken i köket. Pojkarna fick lunginflammation och dog.”

Edla föddes 1917, innan familjen flyttade till Lugnvik, där Ester, min mamma, föddes två år senare. Då mamma sedan var tre år, köpte morfar ett torpställe lite utanför Lugnvik, som kunde föda 3-4 kor. Där, på Justerbacken, föddes så Elsy 1924.

Ester växte upp på torpet Justerbacken cirka fyra-fem kilometer från Lugnvik.

Mormor slet med barn, kor, gris, höns, bakning, matlagning, tvätt, städning ...

Hon hade dagarna överfyllda, men kunde ändå ibland ta sig en kaffestund med någon granntant.

Morfar jobbade med ett tungt arbete, stabbläggare, på Lugnvikssågen och hans stora insats i torpets jordbruk var vid sådden av korn och potatissättandet samt vid skörden av hö och grönfoder åt korna liksom vid bärgandet av korn och potatis åt människorna.

Den lilla skog som hörde till torpet var morfar rädd om och skötte vintertid med varsam hand. Han kunde vara ”snål” med avverkning, eftersom han fick ved, så kallade bakar, mycket billigt, nästan gratis, av Lugnviksbolaget.

(För stadsbor kan berättas att bakar är det som blir över när man sågat fram plank, reglar och bräder ur en stock)

I den mån barnen kunde hjälpa till, skulle de göra det. Det var dock inte särskilt betungande och deras barndom var säkert så harmonisk den kunde vara i den relativa fattigdom i vilken de levde. Den var aldrig riktigt katastrofal så de led inte någon egentlig nöd.

Morfar var emellertid alltid orolig för att den katastrofala dagen skulle komma och det yttrade sig på många olika sätt. Bland annat var han skrockfull och väldigt ”försiktig med utgifter.” Dessutom var han på gränsen till kolerisk med ett utspel av känslor, som jag nog ärvt lite av och känner igen som vuxen.

En gång drabbades familjen Öström på Justerbacken av en oväntad materiell katastrof: En kvigkalv låg en januarimorgon död i sin kätte, då mormor kom ut i lagården för att mjölka. Med tungt sinne tillkallade hon en veterinär för att få råd om de åtminstone kunde äta köttet, nu när kvigan och deras framtida inkomster av den gått förlorad.

Veterinären fann inte någon direkt dödsorsak och vågade därför inte ge det klartecken mormor hade hoppats på. Han hjälpte henne att släpa ut den döda kalven. Att gräva ner den nu, var inte att tänka på då tjälen var mer än meterdjup och uppe på marken var snötäcket minst lika tjockt om än inte lika hårt.

Då morfar kom hem och fick reda på förlusten begav han sig ut och beskådade eländet. Kvigkalven låg där, i stort sett redan djupfryst med vit, vacker snö omkring sig. Synen hade varit romantisk som en tavla av Bruno Liljefors om inte kalven varit död och morfars ekonomiska sinne kommit i olag.

Han började svära och gorma högt över att en förbannelse vilade över detta jordklot och att fattigt folk skulle tryckas ner, om inte i just detta fall av ”herrarna”, så av någon högre makt!

Mormor lyckades äntligen få med sig sin upprörde make in i köket och så småningom kunde de göra kväll. Morfar kunde dock inte få katastrofen ur huvudet och hade en orolig natt.

Nästa dag, då morfar som vanligt var på jobbet, tog sig mormor över till sin mamma, en cirka timslång promenad, och berättade om det hela, om kalven, veterinären och sin desperata man.

Mormor och jag

-Var har ni kätten, frågade mormors mamma.

-Ja, du vet, innerst mot väggen, bredvid innersta kon, mittemot grisen.

-Är det inte där någonstans ni har hönsen?

-Jo, ovanför kalvkätten och sedan in på loftet bredvid.

-Ovanför kalvkätten, sa du?

-Ja.

-Det var det jag trodde. Kalven har fått i sig hönsskit.

-Vad säger du?

-Hon har ätit hönsskit, hörde du inte?

-Jo, men ... är det farligt?

-Ja, om de äter tillräckligt, så dör dom, så att det är farligt måste man väl säga.

Mormor blev mållös. Det hade hon aldrig varken vetat eller förstås tänkt på.

-Ät upp kalven, ni, det är ingen fara, sa mormors mamma.

Då morfar kom hem den dagen, berättade mormor genast om sitt samtal med sin mamma. Morfar var dock skeptisk. Han hade heller aldrig hört talas om livsfarlig hönsskit.

Han grubblade en stund och inom honom fördes en kamp mellan försiktighet med familjens hälsa och dess ekonomi.

Så beslöt han sig och sa:

-Jag går ut och skär ut en bit av kalven. Så äter jag den till kvällsmat … men inte ni andra. Om jag lever i morgon, så äter vi upp kalven tillsammans.

-Om du inte lever då?

-Jaaa, tjaaa ..., då äter vi ... nej, ni ... inte upp kalven.

Alla hoppade till och stirrade på morfar, som såg sig om runt bordet.

-Vi får lita på gumman, sa han och nickade för sig själv.

Mormors oro för sin man inför stundande prov lugnades något av hennes egen och även hennes makes tro på hennes mammas kunskaper.

Morfar och jag.

Stekoset från kalven var salivdrivande för dem alla och de såg spänt men också avundsjukt på när morfar tveksamt åt … till en början med mycket små tuggor. Aptiten och tuggorna ökade hela tiden och då morfar efter avslutat hjältedåd med avigsidan av handen strök bort lite såsrester runt munnen, kunde en djup suck från samtliga höras. Från morfar av mätt belåtenhet och från de andra av att både spänning och avund avtagit.

Morfars belåtna uppsyn efter måltiden gjorde att ingen trodde att han ”skulle vakna död” dagen därpå och det gjorde han inte heller.

Nästa dags kvällsmål blev en fest för alla sex på torpet Justerbacken.

Ester började skolan vid åtta års ålder. Mormor tyckte att det var för långt att gå ensam till skolan för en sjuåring, drygt fyra kilometer enkel väg, så Ester och hennes systrar började skolan ett år senare än de egentligen skulle ha gjort.

Ester kunde läsa då hon började skolan och hon kunde mycket annat också, då hon i två år pumpat sin äldre syster på vad hon lärt sig varje dag. ”Jag ville också gå i skolan och var väl avundsjuk på något sätt ...”

Med all sin kunskap och åtta år gammal blev Ester ett problem för sin lärare i första klass. Efter sex veckor, med ambitiösa försök att sysselsätta henne, bad läraren henne att fråga hemma om det gick för sig att hon fick hoppa upp i andra klass i stället.

Ester lydde och frågade, men grät och ville inte samtidigt.

-Du är inte klok, sa storebror Axel, det är ju jättebra, så slipper du ett år i skolan.

Axel hade slutat skolan några år tidigare och tyckte att ju mindre tid man behövde slösa bort där, desto bättre. Familjerådet samtyckte med Esters lärarinna och på så sätt kom hon att börja sitt första skolår i första klass, men avsluta det i andra.

Hennes andra skolår var i tredje klass och därmed i den så kallade folkskolan. Då började hon varannandagsläsning, som man gjorde på landet på den tiden. Systern, Edla, gick måndag, onsdag, fredag och Ester gick tisdag, torsdag och lördag för samma lärarinna. Det var fler än 30 elever i klasserna, så skolfröken hade ett stort jobb att klara av.

Varannandagssystemet gjorde att mormor alltid hade en av sina större flickor hemma, som kunde hjälpa till med allehanda ting. Ester föredrog de dagar hon fick vara i skolan. Hon trivdes där och det var inte så konstigt. Allt gick som en dans, hon var bäst i klassen i allt utom gymnastik och teckning, som ämnena hette då. Där var hon mer medelmåttig.

Skolans sätt att fungera passade Ester utomordentligt. Förutom ett gott förstånd, hade hon en fantastisk förmåga att lära in och minnas utantill. Psalmverser kunde hon rabbla i oändlighet, Sveriges städer kunde hon från söder till norr och alla dess floder kunde hon bokstavligen som ett rinnande vatten. Det fanns inga utantillkunskaper hon inte klarade av.

En dag skulle Ester hålla föredrag om John Ericsson och propellern i skolan och för att klara detta fick hon låna en faktabok av sin lärarinna. Emellertid var väl instruktionen om tillvägagångssättet till Ester en smula bristfällig. Hon förstod inte riktigt hur hon skulle göra och vad som förväntades av henne. Dock visste hon att hon skulle stå inför de andra och berätta om John Ericsson. Utan boken.

Då hon senare höll sitt föredrag, lyssnade kamraterna snällt och fröken med allt mer stigande förvåning, när Ester ordagrant läste sida upp och sida ner av faktabokens text ... utantill!

Årskurserna tre, fyra och fem gick hon varannan dag, årskurs ett inte alls och årskurs två och sex varje dag. När mamma sedan som vuxen gjort något hon själv tyckte var bra gjort, kunde hon säga "inte så illa av en som bara gått 3½ år i skolan."

Skolböckerna tillhandahölls av myndigheterna utom skriv- och räknehäften samt penna och suddgummi. Dessa saker fick köpas och det gjordes i Handelsbolagets butiksfilial intill skolan.

-Du kan väl tränga ihop talen lite bättre, tyckte mormor, då Esters räknehäften började ta slut.

Häftena kostade tio öre och det var rätt mycket på den tiden.

Under sitt sjätte och sista skolår bad Esters lärare att hon skulle få läsa vidare, då hon ju var alldeles osedvanligt läsbegåvad. Men blotta tanken på detta var alltför hisnande och saken fördes aldrig på tal på allvar. Morfar och mormor tog det hela mer som ett utslag av skämt eller förvirring från hennes lärare, det hela var alltför omöjligt.

Terminsavgifter och inköp av skolböcker plus dessutom inackordering i Härnösand eller möjligen Kramfors, nej, tanken var helt absurd. Det insåg Ester också och hon var därför aldrig påstridig om det. Men hon hade gärna velat ...

Esters talang för slöjd, i hennes fall mest sömnad, blev dock mer uppskattad lite senare, då hon efter några år som piga, fick en bra utbildning som lärling hos en erfaren och välvillig sömmerska.

Två saker återkommer mamma, Ester alltså, till, då hon berättar om sin skoltid: En besvärlig och en fasansfull.

Det var ju drygt fyra kilometer till skolan och det besvärliga var på vintern, då det kändes särskilt långt, det var mörkt och kallt att traska hela vägen. Merparten ensam och frysande, klädd i långstrumpor och klänning.

Det fasansfulla upplevde mamma när hon flyttades upp i andra klass i slutet av september under sitt första skolår. Vid jultid hade hon hunnit bli ”bäst i klassen.” I klassen fanns alla sorters barn, prästens och några andra potentaters välmående, ett stort antal halvfattiga, dit mamma hörde och ett ungefär lika stort antal urfattiga, där det ofta saknades mat för dagen.

Endast potentaternas barn läste vidare, vare sig de hade begåvning eller ej.

Mamma satt i skolbänken bakom Mary Andersson, ett barn från ett urfattigt hem. Mary var sjuk, sjukare än de flesta anade och orkade inte så mycket. ”Hon hade väl lungsot”, berättar mamma sorgset ännu drygt 75 år efteråt.

Mary hade svårt att hänga med och mamma tyckte både om och synd om henne.

Ofta, då Mary fick en fråga på dagens läxa och inte kunde svara, kom fröken med bestämda steg ner från katedern och luggade henne kraftigt och skällde för att hon inte läst på.

-Men hon orkade nog inte ens läsa ..., mumlar mamma vidare i den berättelse jag hört kanske tjugo gånger i mitt liv. ”Jag ser ännu, varje gång jag tänker på då jag gick i andra klass, hur senorna spändes under huden på Marys magra hals, då hon inväntade den obarmhärtiga luggningen.

Hon klagade aldrig, hon var bara tyst. Hon bar på en sorg i ögonen, som gjorde att jag bara ville gråta varje gång hon blev luggad och varje gång hon försiktigt och tyst bad mig om lite hjälp.”

Mamma försökte hjälpa Mary både i och utanför klassrummet, men så snart lärarinnan märkte det så flyttade hon på mamma så att åtminstone hjälpen i klassrummet blev omöjlig.

-Fy fan, så elak den käringen var, jag hatar henne än.

Med tårar i ögonen avslutade mamma berättelsen på samma sätt varje gång.

Marys familj bodde tillsammans med flera andra familjer i Lugnviks utkant i den så kallade Rö´kasern. Mammas skolväg passerade där och hon brukade stanna till för att ha sällskap med Mary till skolan och, utom synhåll från skolan, bära hennes skolväska.

PÅ PAPPAS JOBB

En kväll sa pappa åt mig att jag skulle få följa med honom till jobbet. Jag hade frågat ett antal gånger, eftersom Ove ofta följde med sin pappa i lastbilen. Rosengren var åkare, ägde två stora lastbilar och tillhörde Stockholms Åkeri AB, vilket fanns att läsa i stiliga emblem på lastbilsdörrarna och som jag tidigt försökt tyda, redan innan jag kunde läsa. Jag trodde att det var spännande och händelserikt att följa med pappa på äventyr, nja, på jobb, vilket var i stort sett samma sak för mig innan jag begrep något.

Det var vid kvällsmaten och jag frågade igen om jag kunde få följa med. Jag var liten, kanske sex år och pappa svarade:

-Ja, för fan, så det blir slut på tjatet. Men du får inte börja gnälla när du ledsnat.

Ledsnat? Den möjligheten fanns inte i min sinnevärld och jag lovade att jag skulle vara ”jättesnäll” hela dagen. Tack vare mina sovvanor, det vill säga, att nästan svimma av trötthet redan vid sex-sjutiden på kvällen, hade jag inga problem att somna trots det upphetsande beskedet. Att vakna i tid var inte heller något problem, jag var alltid vaken då pappa och mamma steg upp.

Jag följde alltså med pappa till jobbet. Pappa hade med sig sin matlåda, men ingen kaffetermos, ”jag får så mycket jävla kaffe ändå, kabinettkärringarna försöker nästan förgifta mig ibland, känns det som.” Jag hade ett matpaket också, men det bestod bara av smörgåsar, en halv rågkaka med ägg på och en halv med ost samt en skruvflaska med en halv liter mjölk, precis som pappa.

-Det där har du nog att göra med, tyckte pappa, kärringarna ska väl stoppa i dig bullar och saft också, kan jag tro.

Vi gick ut och jag sprang på ivriga fötter före över till grannfastigheten, där pappa för en billig penning fått hyra ett garage åt verkstadsbilen. Det var villkoret för att han skulle få ha den fram och tillbaka till jobbet. Pappa öppnade dörren och där stod den, servicebilen, en minibuss, som var som en hel verkstad där bak. Jag klättrade in och så backade vi ut.

Först skulle vi till kontoret på huvudverkstaden på Lindhagensgatan i Hornsberg och hämta jobb, en bunt papper med felanmälningar som skulle klaras upp.

Färden gick lugnt via Västberga, Hornstull och Västerbron. Trafiken var livlig även då, men inte på långt när som de köer som finns i dag, femtio år senare. I riktiga innerstaden kunde det köra ihop sig med bilköer, men inte den väg och tid vi åkte mellan halv sju och sju på morgonen.

Pappa stannade bilen utanför den breda verkstadsporten och sa åt mig att sitta kvar, så skulle han komma runt och lyfta ut mig.

-Jag kan hoppa ut, försökte jag ivrigt.

-Du sitter still och gör som jag säger, sa pappa, jag vill inte att det händer nå´t skit och du får inte springa omkring utan håll dig till mig och var inte klåfingrig.

Han klev ur själv och kom sedan runt och lyfte ur mig. Så tog han mig i handen, allt såg stort och främmande ut och jag kände mig nästan ängslig, särskilt efter pappas stränga förmaning. Där fanns inga kompromisser, det kände jag tydligt. Det var då tryggt att hålla pappa i handen.

-Tjena Stubben, ska´ru lära upp grabben?

En röst hördes i det vi passerade in genom porten och jag hade lite svårt att genast se varifrån - i det halvdunkel som rådde därinne, i varje fall jämfört med det vårliga dagsljuset ute.

En brett leende kompis dök upp och hälsade på pappa, som då för ett ögonblick släppte min hand. Pappa skakade på huvudet och sa:

-Du e´nte klok. Nä´ru fan, han ska jävlar inte gå i den här skiten. Han ska ha ett bättre jobb.

-Ja, det här är inget vidare, det har´u rätt i. Skitigt och taskigt betalt. Och ingen jävel tackar en nå´nsin.

Pappa och kompisen tycktes vara helt överens och småpratade en stund, medan jag storögt såg mig omkring. Där fanns en hel del stora apparater, som jag inte sett förr och inte heller begrep vad de var. Farbröder i blåställ rörde sig emellan dem. Ingen var igång och det tyckte jag var konstigt.

-Pappa!

-Ja?

-Varför gör dom inget?

-Vilka?

-Dom där borta.

Jag gjorde en viftande gest med armen och pappa tittade dit.

-Nej, klockan är inte riktigt sju än. Dom börjar inte förr´n då.

Pappa småpratade ytterligare några ord med kompisen och sa sedan åt mig att ”nu går vi till basen och får jobben, så vi kommer hem idag.”

Att följa med pappa till hans jobb var inte bara en utflykt för mig. Indirekt fanns någon sorts föreställning om att jag skulle jobba med samma saker som min duktiga pappa, när jag blev stor. Därför hade jag svårt att omedelbart förstå innebörden av inledningen på pappas samtal med kompisen:

-Du e´nte klok. Nä´ru fan, han ska jävlar inte gå i den här skiten. Han ska ha ett bättre jobb.

-Ja, det här är inget vidare, det har´u rätt i. Skitigt och taskigt betalt. Och ingen jävel tackar en nå´nsin.

Detta samtal fastnade i mitt minne och jag har burit det med mig hela livet. Samtalet har betytt och stått för olika saker genom åren. Första tiden, och ganska länge, förstod jag, fast jag var liten, att samtalet betydde att pappas jobb inte var något att sträva efter, tvärtom, man borde helst inte ha det om man kunde ha något annat. Jag förstod också att den som hade ett sådant jobb inte var någon särskilt märkvärdig person, inte var mycket att räkna med. Under min barndom innebar denna upptäckt på sitt sätt mycken besvikelse för mig.

Senare, med mer egen självkänsla, har jag som vuxen kommit att ge samtalet andra dimensioner; farsan var inte nöjd med sitt jobb, farsan kände sig vara i underklass och farsan såg, som alla sossar på den tiden, att bara ens barn finge gå i skolan, skulle de bli lyckligare med ett bättre jobb. Manschettjobb. Vit skjorta och slips.

Min första dag, en av de väldigt få dagar med pappa på jobbet, blev en lång dag. Ja, inte för pappa, den var väl normallång och kanske han tyckte, att det var trevligt att ha mig med sig.

”Kärringarna”, som han sa, var snälla och bjöd på en massa kakor och godis, saft till mig och kaffe till pappa, då vi kom för att utföra någon service.

Jag var så snäll jag orkade och pappa var nöjd. Dagen blev, som sagt, lång, lång och det berodde mest på att det inte var så spännande och äventyrligt som jag trott. Nej, det var väldigt segt och långtråkigt emellanåt och jag kände att jag hade betydligt roligare saker för mig hemma.

När vi kom hem, frågade mamma om det var så roligt som jag föreställt mig. Jag minns att jag tittade på pappa och drog på svaret:

-Ja..a.., lite roligt i alla fall.

-Äh, säg som det är, sa pappa, du tyckte inte att var nå´t vidare kul, eller hur?

-Joodå, sa jag, för jag ville inte göra pappa ledsen.

-Äh, sa pappa igen, tror du inte att jag ser på dig både nu och då ... och du har rätt, ska du veta. Jag tycker inte heller att det är kul.

Mamma protesterade lite genom att säga att ”det är väl inga jobb som är kul jämt.”

-Nää, sa pappa, men det finns nog dom som är det ibland.

Jag förstod på något sätt ungefär vad pappa menade och mindes:

- ... Nä´ru fan, han ska jävlar inte gå i den här skiten.
Han ska ha ett bättre jobb.

Själv visste jag inte vad som kunde vara ett bättre jobb.

Köra lastbil, som Oves pappa?

EN SKIDTÄVLING

En februaridag skulle det vara friluftsdag med skolmästerskap i skidåkning i skogen bakom Älvsjö Nya Idrottsplats. Som vanligt är jag inte säker på hur gammal jag var. Nio, tror jag, för jag har ett vagt minne av att fröken Sjölander var både min klassfröken och tävlingsstarter.

Jag minns mycket annat. Pappa intresserade sig plötsligt för en idrottslig insats, där jag var inblandad. Mitt fotbollspelande såg han nog mer som barns lek, vilken som helst, men nu var det allvar … det var skidtävling!

Pappa tog in mina ”terrängskidor”, som det hette, från sin vanliga plats under farmors balkong och såg att träet lyste vitt på deras undersida. ”Här behövs vallas”, tänkte han säkert och jag åsåg fascinerad hur han smetade trätjära under och värmde in med blåslampa. Och han värmde … och smetade ... och värmde ... och smetade … och värmde, grundligt. Det rök, osade och luktade och påminde om en gammal smedja.
Då och då tog tjäran eld, men den blåste han snabbt ut. Slutligen, då skidorna var alldeles kolsvarta under, var han färdig och ställde ut dem under balkongen igen, lutade mot huset, för att svalna.

Morgonen därpå åkte pappa till jobbet som vanligt och jag gick till skolan, klädd för skidåkning med mina nyvallade skidor på axeln och stavarna i handen. Hälften av min skolväg var fri från sandning och där tog jag prövande skidorna en bit. Vallningen och pappas oväntade engagemang fick mig att känna mig lite nervös och som favorit i skolmästerskapet. Skidorna gick emellertid oväntat trögt, de gled liksom inte. Först trodde jag inte det var sant, sedan smög sig en nästan panisk känsla på, jag blev rädd att helt misslyckas trots pappas ansträngningar. Instinktivt förstod jag att trögheten hade med gårdagens vallning att göra. Jag erinrade mig att jag känt på skidorna undersida på morgonen och att de känts ovanligt sträva. ”Kanske blir det bättre om jag åker lite på dem?”

Jag tog ny sats och trögheten var påfallande, men efter lite ihärdighet och även några desperata meter på sandade vägdelar började kärvheten släppa och det kändes snart mera som det skulle, det vill säga, som det brukade. Nöjd tog jag åter skidorna på axeln och traskade den sista biten mot skolan.

Mamma hade sagt att hon ville titta på tävlingen och skulle komma till Älvsjö Nya Idrottsplats lagom till den spännande tilldragelsen.

Jag minns att det var mycket snö då. Jag minns också att vårt tävlingsspår naturligtvis inte var scooterkört. Sådana ting som snöscooter och pistmaskiner fanns säkert inte på det tidiga femtiotalet.

Nej, spåret var smalt och uppkört av ett antal skidåkare på rad. Det var löst och sladdrigt i den djupa snön och slingrade sig på en sommarstig mellan buskar och trädstammar.

Dagen innan vårt livs första ”riktiga” skidtävling hade vi fått lära oss lite regler. Den enda regel av betydelse för att allt skulle fungera var ”ur-spår”-regeln. Den poängterades också för var och en av vår nitiska fröken Sjölander, som alltså var starter.

Jag tror vi släpptes iväg var trettionde sekund och jag minns att det kändes konstigt, spännande och nervöst då jag drog iväg. Självklart var siktet inställt på seger.

Det gick bra att åka i det djupa spåret. Det knixiga runt buskar, träd och ibland jättestenar var varken konstigt eller svårt. Vi var vana. Alla skidspår var sådana, ”naturliga” så att säga, på den tiden.

Snart kom jag ikapp den som startat före och, vild av upphetsning, skrek jag ”ur spår” redan då jag fick syn på honom. Han klev snällt och lydigt åt sidan och väntade de kanske 10-12 sekunder det tog för mig att komma fram och passera.

Lite stressad blev jag av att han fick stå och vänta. Jag förstod att regeln inte riktigt var menad så, så jag beslöt att ”nästa gång ropar jag när jag är ikapp.”

Nästa gång kom ganska snart och jag kämpade av alla krafter, kom upp hack i häl, ropade ”ur spår” och passerade smärtfritt. ”Så ska det vara”, tänkte jag förnöjd och kände att jag behärskade tävlingsskidåkningens alla finesser.

På vår bana på dryga två kilometer passerade jag en tredje medtävlare innan jag närmade mig den fjärde.

Honom kom jag i kapp när det återstod kanske 600-700 meter av loppet och ropade ”ur spår.” Detta rop hade ingen effekt och jag ropade igen, övertygad om att han inte hört. Han hade ju så stor skärmmössa med de vadderade öronlapparna knäppta under hakan.

Inte heller mitt andra eller tredje rop gav något resultat och i desperation försökte jag passera genom att kasta mig ut bredvid spåret. Där var snön emellertid så djup att det i stort sett var omöjligt att passera den som struntade i ”ur-spår”-regeln. Han drog ifrån istället, då jag försökte trampa fram i djupsnön. Jag återgick till spåret och kom ikapp igen och skrek samma lönlösa ”ur spår”.

Ytterligare ett försök i lössnön gjorde jag med samma resultat som förut. Jag fick återgå till min plats vid hans skidändar och visste ingen utväg. I hans hälar gick sedan resten av tävlingen och jag åkte över mållinjen med tårfyllda ögon.

-Vad är det?

Mamma tog emot mig och såg mitt rödblossande, varma men ledsna ansikte.

-Han som jag kom ikapp på slutet klev inte ur spår, fast jag ropade.

-Det var väl synd, sa mamma utan att vara det minsta upprörd.

-Jag ropade många gånger och försökte åka om på sidan också ...

- ... och det gick inte?

Mamma åhörde eländet med bibehållet lugn.

-Nej, det var för mycket snö, snörvlade jag emellan gråt och snorighet.

-Ja, vad synd då. Ta lite varm choklad och en smörgås, så bryr vi oss inte om det där. Det gick ju bra ändå.

Mamma tyckte det var roligt med skidtävling, men hur viktigt det var att vinna förstod hon sig inte riktigt på eller brydde sig om, jag vet inte vilket. Chokladen var god och jag fick ner två stora rågkakesmörgåsar, en med stekt ägg och en med leverpastej. Innan vi lämnade tävlingsplatsen för att gå hem, fick vi reda på att jag blivit trea i tredjeklassarnas tävling, 18 sekunder från segern och 10 sekunder från andraplatsen.

-Jag skulle ha vunnit, sa jag lågt och förtrytsamt till mamma.

-Vad sa du?

Hon hade redan lämnat tävlingen mentalt och var glad för den fina vinterdagen med all snö och det bleka solsken som tillsammans gjorde dagen ovanligt ljus.

-Åååh, stönade jag, å min sida mentalt kvar bakom den envise som inte klivit undan, jag hade vunnit annars, hörde du inte?

-Jaså, ja, men du vet ju det själv. Det är väl bra, det räcker väl?

Mamma log och klappade mig på kinden.

Jag teg och vi gick hemåt, jag fortfarande lite sur; ”det är väl inte bara jag som ska veta”, och mamma lycklig; ”åh, vilken härlig dag!”

Resten av dagen gick och jag slutade så småningom att tänka på det förtretliga som hänt.

En stund efter att det mörknat kom pappa hem. Jag var i mitt och min systers rum och låg och läste, vilket jag ofta gjorde. Pappa tittade in i rummet; ”hej”. Jag tittade upp över kanten på boken; ”hej”.

Så blev det dags för middag och vi alla fyra satte oss som vi brukade. Plötsligt frågade pappa:

-Hur gick det på skidtävlingen?

-Bra, svarade jag automatiskt, lite paff över den oväntade frågan.

-Jaså, fint då.

Så blev det tyst igen och alla åt.

-Vad blev du? Pappas nästa fråga kom lika oväntat.

-Va?

-Vilken plats kom du på?

-Tredje, svarade jag.

-Jaha och det är du nöjd med?

Nu bubblade min glömda frustration upp och jag meddelade i förfördelad ton det elände som drabbat mig genom att ”det var en som inte gick ur spår fast jag ropade många, många gånger” och också att ”det gick inte att köra om bredvid spåret för det var för mycket snö”.

Pappa lyssnade och lassade in mat samtidigt. Så svalde han, lade ner händerna med besticken på bordet, lutade sig fram emot mig och nästan väste:

-Du skulle spräckt skidan på den jäveln!

Det blev tvärtyst runt bordet. Till och med lillasyster stirrade häpet på pappa, som förtydligande tillade:

-Du skulle huggit staven genom skidan på´n!

Ny tystnad som bröts av mamma.

-Men ...

-Det får man väl inte, sa jag tveksamt.

-Äh, va´ fan, sa pappa och började lassa in igen.

(Till den som växt upp under i plastskidornas tid meddelas att denna tävling gick på träskidor och med stabila stavar.)

Måltiden tog slut och kvällen gick. Då jag gått till sängs för natten, läsande min senaste lånebok, kom pappa in i rummet.

-Du gjorde det bra, grabben, sa han. Den andra var inte riktigt juste, men du gjorde det bra.

Förvånad, glad och stolt nickade jag och pappa gick ut. Jag la boken åt sidan och funderade lite över händelserna i skidspåret, vid hempromenaden, vid matbordet och nu i sovrummet. En stor känsla av tillfredsställelse spred sig i kroppen. ”Jag har gjort det bra och både pappa och mamma tycker det.”

Jag kände det som att jag fått större uppskattning efter det som hänt, inräknat att jag svalt förtreten och inte gjort något i stil med pappas åsikter vid middagsbordet. ”Han skojade nog”, bestämde jag mig för att tro, då hans reaktion inte stämde med min bild av honom, ”men han ville att jag skulle vinna … det var bra”.

Ett halvt sekel senare tror jag mera på att pappa var uppriktigt irriterad på ”den jäveln” som inte gått ur spår, men att mamma tog honom lite i örat då jag inte längre var närvarande. Som vuxen har jag märkt att mitt och mina barns idrottande i individuella idrotter engagerade honom mer än mitt lagbollspelande när jag var yngre. Han ville gärna att hans älskade avkomma skulle vinna ...

Pappas Opel Olympia -39 och hela familjen.

SOMMARLOV OCH SEMESTER

En morgon varje sommar väcktes jag av pappa, för övrigt den enda morgonen på året som jag blev väckt. Det var den morgon vi skulle åka till mormor och morfar för att hälsa på och att just han väckte mig och min syster kändes som en slags ritual. Det hände bara då. Pappa hade semester och det skulle bära av närmare 60 mil norrut på vägar, som då var slingrigare än idag och mycket ofta endast grusbelagda.

Det var en overklig känsla att bli väckt av pappa. Lika overklig varje år, fast jag visste, då jag lade mig på kvällen att det var dags för "Norrland" morgonen efter. Pappa var mjukare den morgonen på något obegripligt sätt och han hade alltid något kortärmat på sig i någon brokig färg. Hans av riklig hårväxt lite luddiga armar såg nästan vilsekomna ut i den klädsel han bar. Den annars helt gråklädda eller urtvättat blåaktiga uppenbarelsen var uppklädd i färger vid detta tillfälle varje år och var därmed på gränsen till oigenkännlig.

Han och mamma hade varit uppe sedan klockan fem och packat bilen, Opel Olympia, modell 1939. Nu återstod bara frukost och att få mig och min lillasyster färdiga för den dagslånga färden.

Bilen hade pappa köpt året efter krigsutbrottet, 1940, och han hade knappt fått hem den i garaget förrän han var tvungen att palla upp den och ta av hjulen. Dessa fick han sedan lämna in, för enligt vad som sas behövde militären tillgång till däcken. Kriget kom att sprida sig i stort sett över hela världen med undantag för bland annat Sverige, som hade lyckan att slippa eländet.

Då kriget var över kunde han använda bilen igen och 1945 var hans Opel Olympia –39 i skick som ny. Den var dock inte särskilt stor. Mot slutet av 40- och början av 50-talet var jag och min syster relativt platskrävande i bilens baksäte och packningen för ett par veckors semesterfirande i Norrland fick inte plats. Takräcket var sedan flera år så fullt det kunde bli.

Min uppfinningsrike och svetskunnige pappa tillverkade då en plåtlåda på närmare en kubikmeter, som han fäste baktill på bilen och i den fick mycket plats.

Den lilla bilen med en enorm takpackning och en jättelik plåtlåda baktill behövde cirka tio timmar för att ta sig till sitt mål på de vägar som stod till buds. Avfärden skulle ske klockan sex på morgonen för att vi skulle vara framme vid ungefär samma klockslag på kvällen. Restiden hade då förlängts med tre välbehövliga raster. En av dessa rastplatser var särskilt intressant och rolig för mig. Där fanns en gammal vattenkvarn …

Första rasten var innan Gävle, vid Dalälven. Där var det termoskaffe och bullar, saft till oss barn. Andra rasten var i trakten mellan Söderhamn och Hudiksvall.

Där fanns vattenkvarnen och där var det lunch. Sillunch med nykokt potatis på medfört spritkök. Det var trivsamt, solen sken alltid (som jag alldeles bestämt minns det) och Ingegärd och jag undersökte varje år den gamla nedlagda vattendrivna kvarnen som låg där i all sin härlighet.

Familjen har stannat för kaffe vid Dalälven. Mamma är fotograf

Jag minns, att jag önskade att jag bott nära denna ljuvliga, spännande plats med rinnande klart vatten, ett stort skovelhjul som drivkraft vid dess sida och med jättelika kvarnstenar i det inre. Hjulet och kvarnstenarna med deras tysta och stilla närvaro vid och inne i den timrade kvarnen väckte en andlöshet inom mig och jag kände försiktigt på allt, som om det vore ömtåligt och som om jag på detta vis kunde bli delaktig av, insupa det som där en gång försiggått.

Vattenkvarnen och en timmerränna till höger

Genom bara två besök årligen, ett på upp- och ett på nedresan blev kvarnen aldrig riktigt färdigutforskad trots att det inte var svårt att förstå hur det fungerade. Till det bidrog säkert den respektfulla försiktighet och inlevelse jag kände, vilket gjorde att jag inte for omkring därinne utan mest tittade och fantiserade.

Morfar och mormor, mamma och lillasyster Elsy bärgar hö

Stället förblev hemlighetsfullt och känns så även idag, då jag tänker tillbaka ungefär ett halvt sekel.

Utanför denna för mig mäktiga plats, i gräset en filt, dukade mamma upp sillunchen.

Tredje rasten, som inte alltid blev av på grund av otålighet att ”komma fram nå´n gång”, var, liksom den första, en kafferast, termoskaffe, som kokades vid kvarnen medan sillunchen avåts.

Det lilla reströtta sällskapet kvicknade till betydligt, då Sandöbron reste sig stolt framför bilens motorhuv. Bron såg så hög och smal ut, att jag alltid hade en känsla av att den lätt kunde falla åt sidan. Än idag minns jag en lätt rädsla som smög sig på varefter bilen tog sig uppför bron. Då var det inte långt kvar, bara fyra kilometer, till uppfarten mot Justerbacken, som torpet kallades, en smal väg, som kantades av hängbjörkar.

Mormors och morfars glädje, mammas lycka och pappas varma stolthet var något som starkt kryddade min förtjusning över att komma till mammas barndomshem. Det, som sedan sysselsatte mig mest, var lagårdens alla innevånare. Korna, tre-fyra stycken som kom in på kvällen för att mjölkas och som mjölkades igen på morgonen innan grönbetet åter väntade, kalvarna, en eller ett par stycken, grisen, hönsen och ett okänt antal halvvilda katter med ungar. Djuren sköttes i huvudsak av mormor, medan morfar jobbade på Lugnvikssågen. Slåtter och andra tyngre saker gjordes naturligtvis med morfar i huvudrollen, på kvällar, helger eller på semestern. Under de år morfar och mormor fanns kvar på Justerbacken, såg mina föräldrar till att komma och hälsa på då det var dags för höbärgningen.

Då kunde de båda ge morfar en hjälpande hand i det relativt tunga arbetet. Även jag var med och gjorde så gott jag kunde tills jag tröttnade eller kände att kalvar eller kattungar behövde klappas och kelas med ...

Det var ofta ansåg jag, som aldrig kunde få nog av de underbara djuren.

Jag kramar Petronella, en vacker och typisk ”fjällko”

Min morbror Axel, som hade en mycket större bondgård, var bonde på heltid. Vi hälsade på honom och moster Tyra ett par tre dagar i samband med resan till mormor och morfar. Hans gård låg en och en halv mil söder om Härnösand och i hans lagård fanns minst fem gånger mer av allt som fanns i mormors lagård. Plus getter och en bock som såg livsfarlig ut, en häst och en gråhund. Senare också andra hundar.

Jag var särskilt förtjust i de otroligt söta killingarna och kånkade och bar på dessa. En gång hade jag till och med smugglat upp en i sängkammaren och hade den i sängen, då jag blev upptäckt och, självklart, blev av med min sängkamrat. Jag försökte ofta också och lyckades ibland att fånga, lugna ner och kela med någon ”urgullig” kattunge. Ja, besöket hos mammas släkt i Norrland var fantastiskt för mig med alla djur jag fick klappa, krama och lära känna.

Någonstans har jag läst i vuxen ålder att det är utvecklande för empatikänslan att krama, tycka om och att kela med djur. Detta fick jag i överflöd dessa somrar och jag undrar om inte mängden klapp och kel räckte för hela året.

Jag tror att pappa hade tre veckors semester ett antal år runt min 10-årsdag. Det året, 1953, hade pappa påverkats av gamla kompisar och också av min kompis Kalles pappa, Ramström, som han hette hemma hos oss. På den tiden pratade vuxna om bekanta och grannar, som man kände mer eller mindre ytligt, vid deras efternamn: Ramström, Rosengren, Norr, Carlsson med flera.

Nå, till saken. Pappa kom hem en dag på försommaren och föreslog att vi i år skulle åka ”till Norrland” som vanligt, men bara i två veckor, men sedan åka till Nåttarö i Stockholms södra skärgård och tälta en vecka.

Och så blev det.

På Nåttarö bodde vi detta år i ett så kallat sexmannatält, vilket då var lagom trångt för två vuxna och två barn. Runt om oss bodde två av pappas gamla kompisar med familjer. Båda hette Erik, i vilket jag fann en lustighet: ”Hette alla Erik, när du var liten? Du heter ju också Erik.” Jag minns inte pappas eventuella svar.

Erikarna och väldigt många andra av tältarna på ön, så också Ramströms, var ”långtältare”, det vill säga, de satte upp sina tält på trägolv någon decimeter över marken i regel i mitten eller slutet av april. Oftast hade de två tält med öppningarna emot varandra på kanske tre meters avstånd. Över tälten och över den öppna platsen emellan tälten spände man upp soltak, vilka egentligen, välimpregnerade, främst var avsedda som regntak. På så sätt hade långtältaren en fin sommarbostad, en luftig tvårummare med kök och matplats däremellan.

Bekvämt och bra, en plats för hustrur och barn att vara på hela sommaren, med en make/pappa som kom ut varje veckoslut. Förutom på semestern, förstås, då han själv också kunde åtnjuta skärgårdens fantastiska natur i fulla drag tillsammans med familjen.

Detta första år bodde vår familj på Nåttarö en vecka med både pappa och mamma och en extravecka med bara mamma och oss båda barn, då pappa jobbade för att så komma ut till helgen igen. De två veckorna i skärgården ”på försök” detta år blev så att det beslöts att även vi skulle bli långtältare från och med året därpå.

Vårt tält första sommaren på Nåttarö

Fram till dess hade vi åkt till Norrland alla tre semesterveckorna och där hade vi, förutom det jag berättat ovan, bilat runt en del och tittat på diverse sevärdheter till allas glädje och särskilt morfars förtjusning. Han älskade att bänka sig i bilens framsäte bredvid pappa. Vi i baksätet gladdes mera då vi kom fram dit vi skulle, jag inklämd emellan mormor och mamma i det trånga baksätet och Ingegärd sittande i någons knä.

Resten av sommaren, då pappa jobbade, tillbringade mamma soliga dagar med sina två barn och Anita, vår kusin, på Älvsjöbadet, ett frikostigt tilltaget utomhus bassängbad med enorma gräsytor på bara tio minuters cykelavstånd hemifrån.

Nu, från och med 1954, var det slut med Älvsjöbadet för vår del och, skrivande detta, undrar jag vad det blev av Anitas somrar, när Älvsjöbadsturerna plötsligt tog slut. För oss blev det emellertid skärgården med mycket sol och bad, lite fiske och ett rikt socialt umgänge. Utöver Erikarnas familjer hade en annan kompisfamilj till mamma och pappa flyttat ut och blivit långtältare. ”Eje” och Inga var mer än välkomna i det nu fyra familjer stora gänget, som umgicks mest hela sommaren med de förvärvsarbetande männen deltagande efter möjlighet med semestrar och helger.

Norrlandsresan blev tyvärr lidande av denna nyordning.

Pappa ville gärna vara på Nåttarö mer än bara en sammahängande vecka och hans semesterfirande kom att förskjutas så att han och vi begränsade Norrlandsbesöket till en vecka och så fick han två på Nåttarö. Ännu bättre för honom blev det lite senare, då semestern utökades till fyra veckor.

Morbror Axel och pappa med lagården i bakgrunden

Norrlandsbesöken blev lite ”effektivare”, då morfar pensionerats och man lite senare sålde Justerbacken. Då flyttade nämligen mormor och morfar in hos morbror Axel och moster Tyra i ett hus, som var det ursprungliga boningshuset på gården. Detta hade mestadels stått tomt sedan det nya, moderna huset på gården byggdes. Nu kunde vi besöka alla samtidigt. Detta faktum var extra glädjande för mig, som föredrog morbror Axels rikligare djurtillgång, framför allt de söta killingarna och för pappa, som stortrivdes alldeles extra med sin lite spjuveraktige svåger.

Fyra hela sommarlov tillbringade jag på Nåttarö. Det femte, 1958, innebar att jag tog mitt första sommarjobb och från och med den sommaren var mina skärgårdsdagar på sommaren till och med färre än pappas.

Detta enkla och billiga semesterboende i en leende skärgård passade oss bra. Vi kom väldigt nära naturen, ja, vi fanns ju faktiskt mitt i den, och dessutom kunde även en relativt tunn plånbok räcka till bra.

När och om det kom på tal om eventuella semestrar i utlandet, slog pappa alltid ifrån sig med båda händerna, ”va´ fan, man ska väl se Sverige först.” Och för säkerhets skull, för att inte komma i situationen att ha sett Sverige klart, höll vi oss i Stockholms skärgård varje sommar.

Min lillasyster Ingegärd och jag på Nåttarö i Stockholms södra skärgård

Jag kände att jag höll med pappa då. Sverige var tryggt, Sverige var välordnat, i Sverige var man som hemma. Utomlands visste man inte vad som kunde hända, man kunde lätt bli lurad. Utomlands kunde man inte riktigt lita på folk.

Det tog lång tid för mig att ändra uppfattning. Det tog faktiskt så många år att jag började närma mig 50-årsåldern och hade fått en del utlandsresor i jobbet, innan jag började se omvärlden annorlunda. Upptäckten att folk även i mellan- och sydeuropa är snälla och hyggliga och ”som folk är mest”, var en för mig mycket positiv upplevelse.

Att jag idag känner mig nästan lika mycket som europé som svensk är jag glad för. Men ändå bara ”nästan”. Bor man ofta och länge utomlands upptäcker man saker som finns och fanns hemmavid. Saker man inte sett, förstått och känt innan.

Nu är Sverige en del av den europeiska unionen och det gör att jag faktiskt är både europé och svensk. Ändå tror att den känslan var på gång redan innan Sverige kom med.

ATT HJÄLPAS ÅT

-Hur fan ska det annars gå?

Min pappa tittade frågande och lite uppfordrande på mamma.

-Vad menar du?

Mamma såg lika frågande ut.

Vi var på vårt nyköpta enkla sommarställe i Stockholms södra skärgård, där pappa rest upp en liten stuga på 14 kvadratmeter, som han byggt hemma på tomten och sedan monterat ner och fraktat ut för att sätta ihop igen på ön.

Stugan var byggd med ganska klena reglar, ”vi ska ju inte bo här på vintern”, med masonitväggar invändigt och fjällpanel utvändigt. Jag var 21 år och på besök ute på Norrö med min unga familj. Pappa hade just meddelat mamma att han skulle ”ner till sjön” för att fortsätta med stenkistan till en småbåtsbrygga för alla.

Mamma tyckte att det var en hel del som behövde göras på den egna stugan och den oländiga tomten som omgav den.

-Ja, men det är inte så bråttom, det hinner jag se´n.

-Men varför ska du slita med det där? Det är ju bara du därnere och det gäller ju något för alla.

-Jamen, sa pappa stillsamt och dröjde lite med fortsättningen, ... vi måste väl alla hjälpa till och göra så gott vi kan.

-Det är ju det jag säger. Men du är ju ensam där nere mest hela tiden.

Pappa blev lite svarslös, märkte jag. Visst var han mest ensam vid stranden och byggde ihop de runda stockarna till något som jag tyckte mest liknade en stor bur med fruktansvärt kraftigt galler, ett galler som låg horisontellt i stället för att stå vertikalt.

Så sa pappa med lite tvekan i rösten:

-Alla hjälper väl till med våra gemensamma grejer så gott man kan och efter det man är bra på.

-Vad menar du?

-Ja, inte vet jag ... men en del kan jobba bäst med händerna och andra med huvudet.

Det finns en massa pappersjobb med tomtägarföreningen, sån´t som de andra gör och ... som jag skiter i. Och några har bra känningar så de kan fixa saker billigare, sån´t som vi behöver till det allmänna.

Pappas argumentation började tvekande, som om han kände sig ute på hal is, men blev allt säkrare vartefter han tyckte sig finna de rätta orden. Han tystnade igen men lade så till:

-Och jag är väl rätt bra med händerna.

Mamma vickade lite uppgivet åt sidorna med huvudet.

-Ja, ja, sa hon, men låt oss ta en slurk kaffe först.

Mamma hämtade fyra koppar, några sockerkaksskivor, småkakor och kaffepannan och gick ut till det stabila utebordet, som tronade rejält nedbankat mitt på den enda lilla gräsplätt, som fanns på den bergiga tomten. Pappa hade under tiden hämtat ut sina verktyg från skjulet intill.

-Varsågod, sa mamma till oss alla och vi slog oss ner.

Sedan satt vi en stund alla fyra i solskenet och sörplade var och en på sitt under tystnad, medan min ettåriga dotter låg och sov i sin barnvagn.

-Det måste väl finnas fler än du, som kan använda händerna, sa mamma plötsligt. Ja, Erik, till exempel ... och ... Owe ... Karl-Erik ... och Gunnar ... och ...

-Jo, men de har ju varit där också, emellanåt.

-Inte så det stör. Du har säkert gjort mer tid vid bryggan än alla andra tillsammans.

-Det är väl inte fråga om det, heller?

-Inte? Vad är det då fråga om?

-Jamen, de bygger ju så stora hus, så de har väl inte lika mycket tid.

-Men alla ska väl hjälpa till lika mycket, det tycker jag är självklart och ... mer rättvist!

Nu såg jag att pappa blev tillfälligt svarslös igen. Det där med rättvisa var egentligen något han gärna framhävde i andra sammanhang. Det var normalt sett viktigt för honom.

Så tog han sats och sa:

-Hur mycket de andra hjälper till bryr jag mig inte om.

Det får vara vars och ens ensak. Jag ställer upp för att jag ser att det behövs och jag utgår ifrån att alla andra också gör det i den mån de kan och hinner med.

"Omvända roller," tänkte jag då jag såg att mamma begrundade pappas ord och också tänkte vidare på sin egen linje:

-Om du har gjort liksom halva bryggan och de andra elva som också ska använda den, tillsammans gjort den andra halvan, är det väl inte rättvist. Då borde du ha rätt till halva och de andra trängas på sin halva.

-Jag har bara en liten båt och jag behöver bara en plats. Varför skulle jag då bre ut mig över sex platser?

-Varför inte, sa mamma nu lite provokativt, för hon insåg också orimligheten i sitt förra påstående, men hon ville gärna testa pappa lite mer.

Jag, som åhört hela samtalet med stort intresse, väntade också, nyfiken på pappas svar.

-Den här gången har jag gjort mest jobb. Nästa gång, när det gäller något annat, har någon annan gjort mest jobb. Det jämnar ut sig. Och det är väl förresten bra för mig ... och för oss, att grannarna tycker att man gör rätt för sig och är bussig. Sådant har man alltid igen.

Det var ett bra svar tyckte jag och det såg ut som mamma tyckte detsamma. Det blev tyst igen och kaffestunden avslutades. Pappa reste sig och greppade tag om alla verktygen, då mamma sa:

-Jag håller med dig, men jag tycker ändå att det borde vara en mer likvärdig insats från alla.

Pappa stod ett ögonblick stilla som om han funderade.

-Sån´t kan man aldrig begära, svarade han eftertänksamt. Möjligen önska. För mig är det viktigast att var och en tänker själv och gör så gott han kan.

Så tillade han:

- ... och, som sagt, hur fan ska det annars gå här i världen?

PAPPA - PACIFISTEN

-Vapen är det värsta jag vet, sa pappa en gång då jag var i tioårsåldern, som en sammanfattning av det han sagt vid olika tillfällen tidigare. Han fortsatte:

-En gång när jag gick i plugget och vi stod i korridoren och väntade på att läraren skulle komma, började två grabbar att leka med sina knivar. De var inte ovänner alls, men lekte att de fäktades och gjorde små utfall emot varandra, turades om liksom framåt och bakåt. Se´n vete fan hur det gick till men båda måste ha gått framåt på nå´t sätt och en kniv gick rakt in i bröstet på den andra ...

Under det att pappa berättade, tittade han mig oavbrutet och djupt i ögonen.

-... som föll ihop på golvet. Där låg han och kved medan blodet spred sig över skjortan och vi andra skrek på hjälp.

Pappa tystnade, liksom för att låta mig uppleva fasan. Sedan fortsatte han med ”jo, det gick bra ändå. Kniven missade hjärtat med någon centimeter. Han överlevde efter några krisdygn, då han förlorat mycket blod.”

-Kom den andra i fängelse?

Min lite korkade, naiva fråga fick pappa att höja ögonbrynen.

-Fängelse? Nej, vi var väl bara 12-13 år och det hela var en olycka. En förbannat onödig olycka, en jävla … och jävligt onödig olycka som aldrig skulle behöva hända.

Pappa fortsatte med hetta ...

-Grabbar ska ta mig fan aldrig få ha knivar. Kniv ska bara den ha som behöver den just då till något viktigt ... och nyttigt ... och han ska vara vuxen, åtminstone vuxen nog att inte leka med den. Och det säger jag dig: Så länge jag har något att säga till om, kommer du aldrig att få bära kniv. Du kan få låna den jag har i jobbet, om du verkligen behöver göra något med kniv, men då ska jag vara med. Nu vet du det och du rättar dig därefter.

Jag minns inte vad som föranledde denna pappas långa utläggning.

Troligen hade jag bett om att få en slidkniv, som jag minns att några av mina kamrater hade. Det såg roligt ut när de täljde på pinnar och bark och då de kastade prick med sina knivar. Lyckligtvis såg jag aldrig några ”dumma och farliga lekar” med kniv bland mina kamrater.

Runt de åren, det vill säga, då jag var i tioårsåldern, förekom det att några hade så kallade ollonrevolvrar. De såg ut som riktiga ”cowboyrevolvrar” fast de var mindre och en sådan ville jag gärna ha. De laddades med små patroner utan kula och jag tror det var krut i laddningen. Pipan var pluggad, men de fanns de, som via någon, fick pipan uppborrad, så det gick att skjuta riktigt med revolvrarna, förutsatt att man hade något att ladda med.

Nu, som vuxen, undrar jag dels vilka idioter som hjälpte till att borra upp revolvrarna och dels om det fanns ammunition att använda. Min logik i dag säger mig att borde ha funnits det, annars fanns det väl ingen anledning att borra upp pipan? Fast jag vet inte förstås ...

Jag insåg att det var helt lönlöst att fråga efter en sådan revolver, särskilt som jag tidigare haft ett misslyckat oherrans tjat om att åtminstone få en vattenpistol. Inte ens denna till synes oförargliga leksak ville pappa att jag skulle ha.

-Jag skiter i om det är ofarligt... Pappa var obeveklig; det föreställer ett vapen och jag tycker att det är förbannat onödigt att peka på varandra med sån´t och att låtsas skjuta, även om det bara kommer ut lite vatten.

Pappa var, kan man tycka, den borne pacifisten och vapenvägraren. Runt åtta år senare, då jag var arton, gjorde pappa en sista repövning, en lindrig tillställning, där han mest körde bil. Jag erinrade mig barndomens vapenförbud och tänkte på pappa, pacifisten.

-Varför är du i lumpen, du som avskyr vapen, frågade jag på samma gång nyfiket och lite retsamt.

-Därför att jag måste, svarade pappa enkelt.

-Du var ju ute i beredskap flera gånger under kriget, fortsatte jag.

-Ja, än sen då?

-Då måste du väl ha övat och skjutit, haft bajonett och också varit beredd att använda vapnen mot människor?

-Ja, visst hade jag en mauser och bajonett. Klart som fan att vi fick övningsskjuta ... men det vete fan om man var beredd att använda skiten.

-Men det måste ni väl ha varit?

-Ja, på nå´t sätt, kanske. Men vad fan spelar det för roll nu? Man hade inget val.

-Kunde du inte ha fått vapenfri tjänst?

Pappa tittade nästan medlidsamt på mig.

-Då ... och mitt under kriget ... vapenfri tjänst? Ja, möjligen i fängelset. Nej du, det var säkert omöjligt. Jag vet ingen som ens kom på idén.

Samtalet tog tillfälligt slut, men jag tog upp tråden igen genom att fråga:

-Om du skulle mönstra idag och du visste att du skulle kunna få vapenfri tjänst, hur skulle du göra?

-Du vet svaret, det var en jävla dum fråga.

Det var nog ändå inte en så dum fråga. Att veta svaret på den var inte lätt varken för mig eller för pappa själv. Jag valde dock att inte fortsätta mina frågor. Pappa trodde säkert han visste, för han hade inte reflekterat, men jag hade ingen svårighet att finna argument för båda sidor, om man kan kalla det så.

Å ena sidan; Pappa var laglydig, plikttrogen, ärlig och snäll, vilket talade för att han ändå motvilligt skulle göra sin värnplikt med vapen.

Å andra sidan: Pappa var han motståndare till våld, motståndare till bruk av vapen och fortfarande ärlig och snäll, vilket talade för att han skulle ha kämpat för att få vapenfri tjänst.

Jag tror verkligen inte att pappa direkt skulle ha vetat själv innan han tänkt efter ordentligt, men som jag kände honom skulle hans val vara acceptabelt för mig, vilket det än bleve.

PÅSKÄGGET

Vid påsken hade farmors klan en lunch/middag ihop till en början. Det var också, precis som under hela julhelgen, en frossarmåltid, då det gick åt en massa ägg, en fruktansvärd massa ägg ...

Jag minns, faktiskt med välbehag, hur farmor bar in en fylld jätteskål med ägg, mest vita, men också en del bruna. Ägg var något jag tyckte mycket om och för att begränsa min konsumtion sa pappa att ”man måste äta en smörgås till varje ägg” och denna förmaning har följt mig hela livet. Men det gjorde inte så mycket, jag gillade och gillar smörgåsarna också. Påsktiden var generös med gott smörgåspålägg, ost, kaviar, ansjovis, leverpastej och saltgurka med mera ... ”jättegott”.

Att måla äggen var en tradition. Jag undrade och undrar än, om det var för att roa barnen eller om det också skulle roa de vuxna. Själv var jag inte särskilt road, varken då, som barn eller senare, som vuxen.

Vi målade med vattenfärger och blev färgkladdiga om fingrarna för det var ju naturligtvis omöjligt att måla utan att hålla ägget där man nyss målat, när man skulle måla färdigt. Jag minns att jag aldrig visste vad jag skulle måla, så det blev mest ansikten som tittade uttryckslöst på mig.

När jag strax efteråt högg itu skallen ungefär genom ögonen, kunde jag känna en svag rysning och jag var tvungen att intala mig att det bara var ett målat ägg. Ansiktena var inte så verklighetstrogna att jag borde ha känt att det var riktiga huvuden, men jag har alltid haft en livlig fantasi och föreställningsförmåga.

Då jag sedan grep mig an äggansikte nummer två, valde jag en annan avrättningsmetod. Jag krossade skallen med en slägga, nej, förlåt, krossade äggskalet upptill med en tesked, men den känslan var inte mycket bättre. Nej, omålade ägg var att föredra utan tvekan.

Att jag skulle valt andra motiv än ansikten föll mig, konstigt nog, aldrig in.

Beträffande kombinationen att jag älskade att äta ägg och att somliga ägg är bruna, vill jag här skjuta in en liten händelse som inte har med påsken att göra, men som jag haft glädje av vid andra tillfällen, då vi hemmavid någon gång fick ägg vid måltiden.

Vi hade fått två ägg var, min syster och jag och satt ensamma till bords.

Varsina två smörgåsar låg bredvid. Hon var tre-fyra och jag sju-åtta år gammmal. Jag slukade mina två ägg med vidhängande obligatoriska mackor medan Ingegärd fortfarande knåpade med sitt första ägg och macka. Hungrigt tittade jag på hennes orörda ägg. Jag konstaterade tyst att ägget var brunt och innan jag hunnit tänka klart sa jag till henne att "de bruna äggen är tuppägg".

Min stackars lilla syster tittade överraskad och lite förskräckt upp på mig och sedan tillbaka på det orörda ägget.

-Mamma, jag vill inte ha tuppägg, gnällde Ingegärd högt, varvid mamma kom in i köket och undrade vad som stod på.

Hon fick snart situationen klar för sig och skrattade åt sitt våp till dotter. "Tuppägg! Det är bara hönorna som värper. Ät ägget, du."

Hon gick ut från köket och lämnade sina två barn kvar, ett förväntansfullt, som anade en oväntad möjlighet och ett, som misstänksamt glodde på det bruna ägget.

-Nä, sa hon tvärt, i det hon tog en tugga från macka nummer två, jag vill inte ha!

-Då kan väl jag få?

-Om du vill, men jag vill ha mackan.

I flera år sedan, då det inte fanns tillräckligt många vita ägg vid bordet, fick jag extra ägg, bruna ägg, av min lillasyster.

Ovan relaterade historia framställer mig själv som en girig bluffmakare, vilket jag väl också var i nämnda händelse.

Då kan det väl vara på sin plats, att jag berättar en annan historia som beskriver mig helt annorlunda och bättre, såsom jag helst vill se mig, när jag ser på mig själv.

På påskaftonens morgon fick vi påskägg. Var sitt stort färgglatt pappägg med rosett på som, då man tog isär det, dignade av godis, det vill säga, snask i mina föräldrars språkbruk. Detta ägg räckte olika länge för oss syskon. Mitt räckte nästan i evighet, för jag har aldrig varit någon särskild gottegris, i motsats till min syster. Tuppägg var inget för henne, men godisfullproppade pappägg var helt i hennes smak. Innan annandag påsk var hennes pappägg tomt, dystert tomt och hon slog lovar runt mitt fortfarande relativt välfyllda i hopp om att få lite av överflödet.

Det av ägaren icke behövda är ju i sig ett överflöd.

Utan egentlig saknad av det långsamt minskande innehållet, men med en välgörande känsla av att vara god och storsint, bjöd jag henne då och då ur mitt pappägg och hennes tacksamhet kände nästan inga gränser.

En påsk hände något alldeles speciellt. Redan på långfredagsmorgonen kom farbror Tosse med ett chokladägg till mig. Jag var nog bara fem år och min syster inte mer än ett, så hon fick vara utan ägg.

Chokladägget var nästan lika stort som pappäggen och, liksom dem, försett med en vacker rosett. Inuti det delbara ägget fanns massor med godis, precis som i pappäggen.

-Men Tosse, sa mamma, ett sån´t ägg är ju jättedyrt!

-Det kan Ingemar behöva, som får stå ut med Anita varenda dag, skrattade farbror Tosse och fortsatte, ja, det är väl ett litet symboliskt tack för hjälpen med Anita till dig också.

Jag tog ägget med mig och satte mig i sängen, helt förundrad över det vackra ägget.

-Håll inte i det för länge, sa mamma, då kan du bli kladdig om händerna. Jag antar att även chokladägg kan smälta av kroppsvärmen.

-Närå, sa jag, det ligger i sängen.

Efter långfredagslunchen, då även pappa uttryckt sin beundran för chokladägget och sagt skojande att ”då behöver du inte ha det andra påskägget i morgon”, sa jag att jag ville gå ut och visa de andra barnen, lekkamraterna, det fina ägget. Mamma och pappa hade inga invändningar, men sa ”ta det i en påse, så du inte behöver hålla det i händerna hela tiden”.

Jag gick ut och blev borta rätt länge. ”Väldigt länge”, tyckte mamma, ”bara för att visa ett ägg”. Pappa tyckte ingenting för han fanns i sin värld i sin verkstad i källaren, där han ofta befann sig, pysslande.

Så småningom kom jag hem. Utan påse men med en liten chokladskärva i handen och mamma ropade förskräckt ”har du tappat ägget?”

-Nej, svarade jag helt lugnt och förstod inte varför hon verkade så skärrad.

-Vad har du gjort då? Var är ägget?

-Här, svarade jag och höll upp skärvan, stor som halva underskalet.

Mamma stirrade misstroget på chokladskärvan och så åter på mig:

-Var är resten?

-Uppätet, svarade jag sanningsenligt.

-Har du vräkt i dig hela ägget, ... ja, nästan ... , på en timme?

-Nä, inte jag, alla har smakat.

-Smakat!?

-Ja, alla tyckte att det var jättegott.

Mamma visste inte vad hon skulle säga. Hon tittade på skärvan igen och ...

-Har du smakat nå´t själv?

-Ja, lite. Det var gott.

-Ja, ... var, ja ...

Jag sprang in i sovrummet utan minsta förståelse för mammas sorg och började leka med något, vad det nu var.

Strax innan middagen hörde jag mamma halvviskande berätta för pappa vad som hänt med chokladägget. Det var nog inte meningen att jag skulle höra. Pappa svarade något ohörbart och mammas röst hördes igen ”men de har ju ätit upp hela ägget för honom!”

-Sa han det?

-Nej, inte direkt, men ..

-Vad sa han då?

-Att alla smakat och att alla tyckt det var gott ... ja, att han smakat lite själv också och tyckt det var gott ...

-Jamen, då så.

-Vad då, då så?

-Han har delat med sig och så är det bra med det. Ingen har snott nå´t av honom. Fan, det är väl helt i sin ordning ...

Det blev tyst en stund och så hördes mammas röst mer dämpad, lugnad.

-Du har väl rätt. Jag blev bara så snopen.

-Jaså, varför det?

-Det såg ju så väldigt gott ut, sa mamma. Jag hade nog hoppats få smaka lite ...

-Jaså du, bara det. Då kan väl be att få skärvan som är kvar.

-Nää, han ska väl ha nå´nting själv.

Så blev det tyst en stund innan pappas röst löd:

-Så´n jävla tur då, att vi har ett påskägg åt honom till i morgon. Pappägg, förstås, men med en massa snask i.

Tystnad igen och snart, pappa igen:

-Om du är jävligt sugen kan du be Ingemar om att få smaka på chokladskärvan. Han är ju generös och får ju mer i morgon.

-Njae, ... jag vet inte ... man ska inte utnyttja att han är givmild.

-Nej, det är klart, men ... förresten, jag tror inte att han bryr sig särskilt mycket. Det kanske gläder honom mer att göra dig glad genom att bjuda på en bit?

Påskägg i papp men med nyfiken katt inuti.

TREHJULINGEN

Jag fick en trehjuling och det var i god tid före lillasysters födelse. Mamma påstod att jag fick den då jag fyllde två år, vilket var i mitten av juli, två månader efter krigsslutet.

Min kusin Anita och jag, 3 år?, i en för mamma ibland praktisk skrinda.

Den var röd, med gula trähandtag och gul sadel, också den av trä. En fantastisk sak lär jag ha tyckt omedelbart, men förmågan att använda den var begränsad. Jag var nog i yngsta laget och den sommaren blev det inte mycket cyklat, i varje fall inte utomhus, då det var alltför svårt och trögt på de grusvägar som stod till buds.

Inomhus var det lättare och under tiden från sensommar till försommar året efter lärde jag mig trehjulingen ordentligt. Jag cyklade en hel del inne och då våren var kommen, ville jag snarast pröva att cykla ute. Att cykla på tomten var inte att tänka på, det gick alltför tungt i gräset. Nej, det som återstod var vägen utanför.

Flensvägen och de andra vägarna runt om var grusvägar men med trottoarer. Trottoarerna var nyanlagda i mitten av 40-talet, men oljegrusbelägg-ningen kom senare, först i mitten av 50-talet.

Det är i varje fall så jag minns det.

Minns, ja. Jag ska med en gång säga att jag inte på egen hand minns mitt trehjulingscyklande. Kanske det är därför jag har satt in bilden av mig och Anita i en skrinda. Den har jag dock inget minne alls av, men min ålder här passar väl in i denna berättelse.

Tillräckligt många delar av denna min karriär på trehjuling är återberättade för mig flera gånger så att jag kan få ihop detta kapitel utan större lögner. Uppenbarligen var trehjulingen viktig för mig och något som jag använde väl, närapå slet ut. För mig var den till stor glädje och för mamma till ett ofta minst lika stort bekymmer.

Den del av Örby där vår familj bodde var absolut ingen genomfartsdel. Hade man förirrat sig dit måste man i stort sett köra tillbaka samma väg som man kommit. Det fåtal bilar som kom på våra vägar, hade ärenden till de hus som fanns där, antingen man bodde där själv eller avsåg att besöka någon. Trafiken var dessutom vid denna tid, då Tage Erlander nyligen blivit statsminister, ytterst måttlig, särskilt i jämförelse med hur det blivit senare på Göran Perssons eller Stefan Löfvéns tid.

Bilarna som undantagsvis kom, körde väldigt sakta, så mot den bakgrunden är det förståeligt att även en ordentlig mamma kunde släppa lite på uppmärksamheten då lille sonen, tre år, cyklade fram och tillbaka på Flensvägen.

En dag då mamma hängde stortvätt mellan björkar och ekar på tomten, cyklade jag på Flensvägen. Men, istället för att vända alldeles bortanför tant Sjöbergs hus, fortsatte färden. Ingen vet egentligen hur och på vilka vägar, men faktum var att jag inte längre fanns, då mamma gick fram till muren mot vägen för att se efter.

Hon skyndade ner på vägen och såg ingen trehjulingscyklist åt något håll och ilade därefter bort och knackade på hos fru Sjöberg, som dock inte hade sett något. Fru Rosengren var inte hemma, fru Norr hade ingen aning, gamla fru Lodin visste heller ingenting. Gubben Svedner sa med samma gnälliga röst som alltid, att ”jag tror jag såg honom för en stund se´n åka åt det hållet”, varvid han pekade åt det sjöbergska huset, bortåt, alltså.

Min jämnåriga kusin, Anita, lekte på tomten och hon hade samma uppfattning som gubben Svedner och pekade ut riktningen med sitt knubbiga pekfinger.

Mamma stoppade ner Anita i skrindan och for iväg Flensvägen bortåt, åt det håll det pekats. Snart stod hon vid korsningen med Stavsjövägen och kände sig, förutom panikslagen, också villrådig. Hon valde att svänga höger, då det var lätt utför där, "han kanske tog ner här för det gick lättare?"

Ett avtag till, Grytvägen, åt vänster. "Åh, har han svängt här?" Hon såg ingen son någonstans och heller ingen att fråga. Hon valde att fortsatta Stavsjövägen nedåt så snabbt hon kunde och stod strax vid nästa korsning, Helgestavägen. Anita hade ganska roligt i den ruskande och slängande vagnen, när mamma sprang hit och dit. Ingen Ingemar. Hon fortsatte alla vägar, men fick så tanken "kanske han kommit tillbaka hem?"

Så löpte hon hem, men nej, ingen där ... Hon löpte ut igen, för att snart återkomma ... nej, ut igen ...

Då mamma återkom fjärde gången, genomsvettig och gråtfärdig, stod där två äldre damer och lille Ingemar. Plus trehjulingen.

-Var har du varit, skrek mamma och började storgråta.

-Borta, svarade jag sanningsenligt.

Nu ingrep de båda damerna och berättade att de bodde på Näshultavägen i Örby och att de tyckt sig känna igen den lille cyklisten, där han trampade på utanför deras hus.

-Vi har förstått att Märta i Bjernvalls Livs är farmor till honom och det var därför vi kände igen honom. För att vara säkra frågade vi vad han hette och det visste han, både för- och efternamn. Då visste vi också att han var rätt långt hemifrån, mer än en kilometer.

-Men Ingemar ... , kved mamma.

-Så frågade vi om han hittade hem, men då skakade han bara på huvudet. Då gick vi naturligtvis hit med honom.

-Men Ingemar ... , kved mamma igen.

-Såja, tröstade damerna, ingen skada är ju skedd och han har varit glad hela tiden.

Efter några fler ursäktande och förklarande fraser från mamma och fler trösterika ord från damerna, gick de hem till sitt och mamma vände sig till den återfunna sonen.

-Men Ingemar, hur kunde du bara försvinna så där?

Sonen tittade allvarligt och liksom eftertänksamt innan han svarade.

-Jag bara blåste bort.

-Nej men, det gjorde du väl inte?

-Joo ...

-Men du, blås inte bort något mer, du får inte cykla längre än att du ser huset.

Mamma berättade senare att hon, då hon lugnat ner sig, gått ut för att känna om det blåste ... och om så, i rätt riktning. Kanske hade det känts lättare att cykla med vinden i ryggen? ”Jo, det drar lite ... åt det hållet. Kanske blåste det mer för några timmar sedan?”

Några veckor senare var det dags igen! Jag var försvunnen liksom trehjulingen. Då var mamma ensam hemma, Anita var inte där. Hon slängde sig upp på sin cykel för att leta och hade mer tur denna gång. Här och var träffade hon på folk som hade sett en liten ivrigt trampande gosse. På så sätt, åkande ömsom hit, ömsom dit, ibland en bit tillbaka också, innan hon fann någon ny att fråga, hamnade hon på Huddingevägen i riktning mot staden.

Där var ju även då en del trafik, mycket trafik med den tidens mått mätt. Nu blev hon riktigt rädd och trampade på så mycket hon orkade. När hon så rundat kurvan vid dåvarande Östberga stenkross och såg ut över Årsta gärde var jag alldeles nedanför backen vars krön hon just passerade. Den förlorade sonen var helskinnad men fortfarande ivrigt trampande i riktning mot staden.

Hon vågande inte ropa för risken att jag skull vända mig om och vingla ut i gatan utan körde snabbt ikapp och om och stannade framför mig.

-Vart är du på väg?

-Till pappa.

Den här gången var jag nog två kilometer hemifrån, då mamma hann upp mig och hur vi tog oss hem har aldrig historien förtäljt. Vi cyklade väl, antagligen.

Inte heller har jag kläm på fler cykeläventyr, möjligen fann mamma på ett sätt att hålla mig hemikring eller kanske hon låste in trehjulingen då hon inte kunde ha mig för ögonen hela tiden.

PALTBRÖD

I pappas värld hjälpte kompisar varandra. Det var aldrig tal om pengar i dessa sammanhang. Nej, tjänster och gentjänster gavs och ärlig tacksamhet togs emot med en dämpad, halvdold glädje och innerlighet, som jag än idag minns väl och som jag starkt förknippar med den arbetarklass i vilken pappa rörde sig och i vilken jag växt upp och har mina rötter.

I den världen fanns också ett skämtlynne, som var öppet, naket och ofta till det yttre grovt och brutalt. Inte sällan var det ett slags tvärtomyttrande som gavs och den, som inte var hemma i den världen, förstod sällan innebörden av den inneboende motsägelsen, negationen som egentligen betydde sin motsats, kunde bli sårad, om han eller hon utsattes för exempelvis dylikt: "Ja, tack för käket, man blev i alla fall hyfsat mätt."

För att förstå vad som egentligen menades, måste man kunna koden. Emellertid hände det, att formerna för skämten kunde gå väl långt:

Pappa hade några problem med bilen, den förkrigstida Opeln. Det var något i motorn som krånglade och han kunde inte finna något fel, hur han än försökte. På jobbet en morgon frågade han en halvkompis, Södertälje-Kalle, om råd. Han hade rykte om sig att vara som en trollkarl, då det gällde bilar och motorer och han och pappa kände varandra ganska ytligt, men ändå tillräckligt för det kompisskap, som var typiskt för arbetarna vid den tiden. Man hade tid eller annars tog man sig tid till att ställa upp.

-Du, sa Södertälje-Kalle, jag hänger med dig hem efter jobbet på torsdag, så kan jag titta på´t.

-Bussigt, sa pappa, då kan jag bjuda dig på lite käk hemma.

Halvkompis? Ja, vad ska man kalla det? Pappa och Södertälje-Kalle hade lärt känna varandra på jobbet. Då de stötte ihop, växlade de alltid några ord och där fanns en vänskap, som på något sätt bottnade i gemensam bakgrund, gemensamma tankar och likartad situation. En sorts trygghet, vilken gjorde att man var öppen och lättillgänglig för sina gelikar.

Inom arbetarklassen konkurrerade man inte och på så sätt behövde man inte heller bevaka varandra.

-Du, Stubben!

Ett par andra halvkompisar till pappa ropade på honom lite senare samma dag som han gjort upp med Södertälje-Kalle.

-Ja, vad är det?

-Jo, vi hörde att du skulle bjuda Södertälje-Kalle på käk, när han skulle titta på bilen din.

-Ja?

-Jo, förstår du, då ska du få ett tips. Bjud honom på paltbröd och fläsk, det är det bästa han vet.

-Jaså? Säger du det? Ja, det skulle vara fint för mig också.
Det gillar jag ... och frugan ... men inte ungarna.

-Ja men, vad fan, ungarna kan få nå't annat. Eller bara käka fläsk och potatis.

-Jaa .., pappa drog på det. Vi får se, jag snackar med Ester.
Tack för tipset.

Det blev torsdag. Mamma hade gjort paltbrödet efter konstens alla regler och hade alla tillbehör, som vit sås, stuvad vitkål, stekt sidfläsk, lite kokt potatis för säkerhets och för barnens skull och hon var även beredd med lingonsylten om Södertälje-Kalle i likhet med pappa skulle vilja ha det till paltbrödet. Ingegärd och jag skulle äta enbart fläsk och potatis, men skulle förstås, som seden var, först vara tvungna att smaka på det för oss otäcka paltbrödet.

Pappa och Södertälje-Kalle kom i pappas verkstadsbil och stannade på gatan intill garaget. Klockan var halv fem och pappa föreslog att de skulle börja med att äta.

-Njae, vi tittar först, så kan vi kanske sitta lugnare se´n, sa Södertälje-Kalle.

Båda försvann in i garaget och jag rusade efter, nyfiken.

-Vi rullar ut´en halvvägs, sa Södertälje-Kalle, så vi inte blir avgasförgiftade.

Jag minns att jag då för första, men inte sista, gången i mitt liv reagerade för att det fanns något giftigt med bilar. Var avgaserna giftiga? Tydligen var det så, men om de kom ut ur bilen utomhus, verkade det som om det inte var farligt.

Därmed kände jag mig trygg, liksom alla andra, barn och vuxna, i miljöaningslöshetens tidevarv.

Pappa satte sig sedan bakom ratten och på Södertälje-Kalles uppmaning vred han på tändningsnyckeln för att starta. Efter ett par försök gick motorn motvilligt igång med en ojämnhet, som till och med jag kunde höra. ”Tänk om motorn är förgiftad”, tänkte jag.

-Aaa.., jag tror, vänta, stäng av. Södertälje-Kalle kommenderade pappa och dök sedan ner i motorn med några verktyg i handen.

Efter någon minut kommenderade han ny start. Nytt stoppkommando följde och nya konster företogs i bilens inre, motorn.

Detta pågick en stund och snart lät motorn som den skulle, tyckte jag. Pappa och Södertälje-Kalle avbröt också och då hade de hållit på i kanske tjugo minuter.

-Nu är han så bra han kan bli, sa Södertälje-Kalle, men du måste köpa en ny ...

Han sade något, som jag inte förstod, varken då eller nu.
Pappa förstod emellertid och Södertälje-Kalle lade till:

-.. annars kan han lägga av när du minst vill.

Nu var klockan nästan fem och vi gick alla in. Södertälje-Kalle var oljigt svart om händerna och ägnade en stund åt detta på toaletten.
Så kom han ut och vi satte oss alla till bords.

Mamma ställde fram maten och bjöd honom att ta för sig. Södertälje-Kalle tog en bit av paltbrödet, som hade varit i minsta laget även för mig, om jag hade klarat att äta paltbröd. Mamma trugade honom att ta mer, men han avböjde vänligt men bestämt. Fläsket tog han dock mer av, rent av så pass mycket man kunde vänta. Den stuvade vitkålen fick också en rejäl plats på tallriken.

Pappa och mamma åsåg det hela under viss förundran. Pappa, som lagt för sig en stor bit paltbröd och lite mindre av tillbehören, började ana ugglor i mossen. Han tänkte på det ”tips” han fått beträffande Södertälje-Kalles favoritmat, tog sats och frågade rent ut:

-Du gillar inte paltbröd, eller hur?

-Nja .., svaret blev otydligt och segt utdraget. Södertälje-Kalle visste inte hur han skulle svara, det var uppenbart.

-Fan, säg som det är, det är bättre.

Då tittade han ömsom på pappa, ömsom på mamma, villrådig, generad.

-Nej, för att vara ärlig, riktigt ärlig. Det är nog det enda jag inte klarar av att äta.

Tårar steg upp i mammas ögon, hennes haka darrade och hon reste sig från bordet och halvsprang ut ur köket. Jag tyckte inte att någonting var särskilt konstigt egentligen, eftersom jag hade exakt samma uppfattning om paltbröd och dess vidrighet som Södertälje-Kalle. Pappa såg tagen ut och sa lågmält:

-Fan, förlåt, men dom jävlarna ... sa att du ... , orden stockade sig i halsen på pappa.

-Lugn, sa Södertälje-Kalle, va´ fan, det spelar ingen jävla roll. Jag tycker att stuvad vitkål är förbannat gott och fläsk också. Och mer potatis finns det än barna´ kan äta upp. Det är inga problem, jag får så mycket jag behöver och mer, om så skulle vara. Men jag vet för vilka jag berättade att jag skulle hit och titta på bilen och jag vet också att jag berättade att du ville bjuda på käk.

-Men fan, sa pappa igen.

-Men helvete, sa Södertälje-Kalle, som nu svor ikapp med pappa, ryck upp dig, jag får ju .. eller vi alla får ju krubb så det räcker. Och du, som verkar gilla paltbröd, kan ju få frossa i det. Så va´ fan, ingen skada är ju skedd egentligen. Jävligt synd om Ester bara. Du Stubben, gå in .. gå efter .. och .. ja ..

Södertälje-Kalle nickade snett mot köksdörrsöppningen, som ville han knuffa pappa ut ur köket och få fart på honom.

Omtanken fanns där. Jag vet, jag har känt den många gånger.
Ibland riktad mot mig, ibland har jag upplevt den riktad emellan människor, då jag sett på. Som nu, som då Södertälje-Kalle bad pappa att gå ut och ta hand om och trösta mamma. Men ofta verkade det som om själva språket för omtanken saknades, det fanns inga varma ord för den i deras lite kärva och svordomsspäckade uttryckssätt och det behövdes faktiskt inte heller. En kvävd antydning räckte, den som var på samma våglängd förstod.

Förundrad åsåg jag spelet och trots min ringa ålder, åtta-nio (?), förstod jag dess innebörd. Innebörden och omtanken utan stora ord har gjort ett bestående intryck hos mig.

När mamma, lätt rödgråten, återkommit till bordet, sa Södertälje-Kalle:

-Jag ska snacka med dom jävlarna i morgon, så dom lär sig till en annan gång. Ni vet, dom är inte elaka, men jävligt korta om skallen ...

Mamma log lite tårbeslöjat, vilket föranledde Södertälje-Kalle att fortsätta:

-.. och så var det en jävla god kålstuvning och fläsket var kalas.

Senare på kvällen hörde jag pappa prata med mamma.

-.. så jävla pinsamt har jag aldrig känt det. Men jag ska ta mig fan också ge dom jävlarna en omgång i morgon.

-Men bråka inte med dem. Dom är ju inte elaka, sa han ju.

-Nej, men de måste fan förstå var gränserna går ... till en annan gång.

Det var raka rör och uppfostran som gällde. Även vuxna emellan förstod jag där jag ”tjuvlyssnade” i sängen.

PAPPA - SOSSEN

För pappa var den politiska tillhörigheten självklar. Det var som en naturlag. I hans värld fanns två partier som företrädde arbetarklassen, socialdemokraterna och kommunisterna. I hans värld var socialdemokraterna för demokrati och de suspekta kommunisterna presumtiva diktatorer, även om de bytte namn till Vänsterpartiet: ”Om dom jävlarna får makten har vi röstat för sista gången!”

Denna åsikt uttryckte pappa när jag frågade varför han inte kunde tänka sig att rösta på Vänsterpartiet som omväxling.

Alltså var pappa socialdemokrat och detta var han med hjärtat. Kanske han en gång i tiden blev ”sosse” med hjälp av hjärnan, men från och med den tid jag började begripa något, från då han var drygt 40 i alla fall, var han sosse med hjärtat.

Det betydde att inga argument, ingen valrörelse spelade någon som helst roll för hur han skulle rösta. De flesta i landet var, liksom honom, arbetare eller åtminstone arbetstagare, så de flesta borde, liksom honom, förstå att det bara fanns ett parti, som företrädde hans och övriga arbetstagares intressen i demokratisk anda. Han kunde aldrig förstå, hur någon, som var anställd, kunde rösta borgerligt. Extra obegripligt var det, när en ur den ”riktiga”, genuina arbetarklassen röstade borgerligt.

Att inga argument i världen påverkade honom, betydde att sakfrågorna i ett val var helt ointressanta. Om sossarna tyckte si och ”högern” så, brydde han sig inte det minsta om. Pappa struntade totalt i att skaffa sig en uppfattning, ett slags ”när, var, hur” eller liknande inför ett val:

-Man vet väl för fan var man hör hemma!

Hans budskap var enkelt, bara detta och därmed var det färdigresonerat.

Senare har jag undrat över vad han förväntade sig av mitt röstande. Jag bytte ju samhällsklass genom studier, klassade som akademiska. Jag bytte klass med hans uppenbara gillande, då han önskade mig ett ”bättre jobb” än han haft själv. Ändå tror jag att han hoppades och trodde att jag skulle rösta som honom genom bakgrund, lojalitet och indirekt tillhörighet ... ”anställda har inget att vinna hos borgarna.”

Oavsett hur jag röstar, tror jag att pappa skulle vara glad att få veta att jag i hjärtat fortfarande tillhör ”min” klass, arbetarklassen. På sätt och vis kan man väl säga att jag bröt mig ur klassen, men att jag ändå aldrig lämnat den. Inte bara hjärtat finns kvar där utan även hjärnan. De goda intrycken har varit för många för att jag skulle trivas bättre någon annanstans.

JAG UPPFANN FLOPPEN

Då man sitter och minns episoder dyker en massa ovidkommande saker också upp. Jag har försökt hålla mig till sådant som jag tror påverkat mig, sådant som gjort mig till den jag är. Den lilla historia jag tänker berätta nu, är väl inte en sådan egentligen, den är väl mera en, som berättar om den jag redan då hade blivit: En som väldigt gärna gjorde allt för att vinna.

Jag tror att jag blivit "bättre" med åren och nu, då pensionen redan börjat, kan jag delta i en tävling utan att nödvändigt behöva vinna. Men gärna ändå …

Nå, till historien som utspelades försommaren 1958.

Stefan Holm och alla andra höjdhoppare av idag hoppar alla med en teknik som uppfanns och gjordes känd av Dick Fosbury, en amerikan som 1968 vann olympiskt guld med en stil som inte många hade skådat. De var bara de närmast sörjande i USA som sett det fantastiska och ryktet hade föregått den gode Dick. Alla bara gapade då han genomförde tävlingen och då han slutligen stod på pallen och tog emot guldet trodde folk knappt att de sett vad de sett. Vad de hade sett, kom att kallas Fosbury Flop, senare förenklat flopstilen med verbet "att floppa".

Men det fanns dock ett par eller några undantag från detta att aldrig ha sett "något liknande". Ett undantag var jag själv och ett annat var en före detta höjdhoppsfunktionär vid en ungdomstävling i friidrott i Mälarhöjden 1958. Kanske någon eller några till drog sig till minnes att "denna teknik har jag sett förr".

Någon gång runt 1960 uppfanns nedhoppsbädden. En väldigt tjock och mjuk skumplasthistoria att landa i vid höjd- och stavhopp. Innan dess landade man i en sandgrop, något som såg exakt likadant ut, som det man landar i idag i längdhopp.

Före 1950 hoppade i stort sett alla med en teknik som kallades saxstil. Den innebar att man löpte snett an mot ribban och hoppade upp med benet närmast ribban först och liksom sittande i luften saxade man benen över ribban. Då man rev med den tekniken var det oftast bakdelen som orsakade det hela. Med saxstilen landade man på fötterna i sanden.

Under 50-talet började en det innovatörer bland hopparna att hoppa från andra hållet, så att säga, och pendlade upp med benet som var längst ifrån ribban. Passerade sedan ribban med magen vänd mot densamma och man landade i sandgropen på händer, höft och lår eller något liknande. Denna teknik kallades dykstil och dess förste och främste företrädare i Sverige var ”Benke” Nilsson.

Jag var bollspelare, om jag nu ska rubricera, klassificera mig som idrottsman i femtonårsåldern. Höll väl egentligen på med det mesta, som alla på den tiden, men tävlade bara i bollspelen.

Efter ett skolmästerskap i friidrott under vårterminen 1958, då jag lyckats ovanligt bra med seger både i höjd- och längdhopp, blev jag kontaktad av en ledare från friidrottsklubben IK Kraft, som i mig tyckte sig se en framtida vinnare. Det tyckte han på sätt och vis rätt i, för jag var nog en av världens sämsta förlorare. Inte så att jag försökte fuska för att bli bäst, men jag gjorde allt för att vinna och på den tiden, innan dopningen uppfunnits, innebar detta att man tog i så man nästan sprack.

Det skulle bli ungdomstävlingar i friidrott på Mälarhöjdens idrottsplats. Jag var anmäld i höjdhopp och detta var min första tävling. Mitt personliga rekord var 165 cm, vilket jag klarat nyligen på skolmästerskapet.

Jag hoppade lika högt vare sig jag hoppade med sax- eller dykstil, så jag visste aldrig riktigt vilken av teknikerna jag skulle använda. Tävlingen gick emellertid bra och jag hoppade dyk, eftersom det var mera stilen för dagen, saxhoppandet hade blivit otillräckligt och omodernt bland världseliten.

Jag hade tangerat mitt personliga rekord och det var jag och en till kvar i tävlingen. Ribban höjdes till 168 cm. Min motståndare hoppade först och rev i sitt första försök. Tyvärr rev även jag. Motståndaren hoppade igen och rev. Jag kände mig lite chanslös att klara, så jag beslöt att chansa på saxstilen. Jag tog i för allt vad jag hade och ... det gick ... nästan. En liten snudd med rumpan tog ribban med sig ner i sanden. ”Nära i alla fall, den jäkla ändan ...”

Det var nu jag uppfann flopstilen: ”Jag tar i utav helvete och lyfter upp ändan mitt över ribban.

Det borde gå ...” Min motståndare, som inte anade att en okänd revolutionerande uppfinning just gjorts, rev ännu en gång i ett gammalmodigt försök. Klarade jag, så hade jag vunnit. Så enkelt var det och ... till varje pris ...

Full fart, upp i luften, upp med ändan och ... över!

Raklång på rygg efter ribbpassagen, susande mot marken och ett oundvikligt ”ryggpladask”, hann jag tänka, ”aj, landningen ...”

Smällen blev hemsk. Jag tappade luften som aldrig förr.
Kunde först inte få luft alls och sedan inte andas normalt på flera minuter, bara så småningom stötvis kippa efter andan och den stackars höjdhoppsfunktionären blev orolig, till och med rädd och trodde nästan att han sett fel. ”Hur bär du dig åt, pojke ...” minns jag än hur det nådde mig i dimman, illamåendet och syrebristen.

Jag var den ende som klarade 168 och alltså vunnit. Då funktionärsfarbrorn, efter att jag någorlunda fått åt mig andan igen, frågade vilken höjd jag ville ha härnäst, skakade jag bara blekt på huvudet, ”det räcker”. Detta var både min första och min sista höjdhoppstävling. När Dick Fosbury i OS 1968, efter ett saxstilsupphopp gled över ribban i svank med ryggen nedåt och landande i en mjuk nedhoppsbädd pladask på rygg, blev alltså hela världen slagen med häpnad över den nya tekniken. Alla utom jag och en minnesgod höjdhoppsfunktionär i Mälarhöjden.

Vad lärde jag mig av detta? Inget, tror jag, men man skulle kunna säga

- ingenting är omöjligt ... eller ...
- vill man så går det ...

eller några andra floskler som betecknar överförenklingar av livet.

AVSLUTNING

Detta var ett antal episoder som jag lyckats minnas, antingen ”själv” eller med hjälp av återberättade eller, som i fallen om mina föräldrars bakgrund, berättade vid flera olika tillfällen av olika anledningar, ihoppusslade av mig till en enhet. Troligen skulle jag kunna få fram ännu mera genom att bland annat intervjua min yngsta farbror, Kalle, och koppla ihop det med minnesfragment och bilder ur gamla fotoalbum.

Det känns emellertid alldeles onödigt. Mitt syfte med att skriva detta har varit att försöka hitta basen till min värdegrund eller kanske jag ska säga hur jag fått mina värderingar. Jag tycker, då jag läst igenom vad jag skrivit, att där finns tillräckligt av förmedlade intryck. Intryck jag fått under resans gång och som jag känner har betytt något och gjort mycket begripligt för mig.

Samtidigt, vid samma genomläsande, känner jag att boken blir lite av en hyllning till mina föräldrar och den hyllningen står jag för med glädje och stolthet.

Andra känslor som för mig dyker upp vid genomläsandet handlar om ”försvunnen anda” eller vad jag ska kalla det. Två förhållanden tänker jag då på. Det ena handlar om framtidstro/miljö och det andra om solidaritet/”folkhemstanken”.

I skriften framkommer på flera ställen en egen reflexion över ”framtidstro och miljömässig aningslöshet”. Det är säkert rätt beskrivning, rätt beteckning på 50-talet och nog också på 60-talet i alla fall gällande den breda allmänheten. För gemene man började väl miljörörelsen att märkas så smått på 70-talet, för att växa sig allt starkare vartefter forskningen i miljöfrågorna utvecklades och andra synbara effekter av miljöförgiftningen blev uppenbara.

Från 80-talet och framåt är miljörörelsen och –debatten etablerad i Sverige. Tyvärr är det väl fortfarande så att ekonomiska intressen är starkare än miljömässiga hänsyn. Och tyvärr verkar också miljökämpen Björn Gillbergs ord ännu gälla: ”Människan gräver gärna sin egen grav, bara timpenningen är tillräckligt hög”.

Med andra ord är vi inte beredda att ge avkall på några bekvämlighetskrav för en bättre miljö, vi dör hellre med gott om pengar på banken och i maximalt ”välstånd”, än att värna miljön för framtiden, för alla våra barn, barnbarn och deras efterkommande. Jag tror att mänsklighetens största hot varken är kärnvapen eller terrorister, nej, det är miljöförstöringen. Jag hoppas att vi, främst då i den så kallade civiliserade världen, ska vakna illa kvickt. Det är i alla fall bra, att många har insett problemen och försöker larma.

I skriften framkommer också, utan att det betecknas med något särskilt, det ideella, att göra något för allas nytta och inte bara för egen. I detta finns en känsla för solidaritet, lojalitet, omtanke, kamratskap ... ja, det kan kallas mycket. Det var nog, tror jag, ytterst det sättet att tänka, som präglade den svenska socialdemokratins tidigare ideologer, till exempel Per Wigforss, dessa människor som drömde om ”Folkhemmet”.

Jag erkänner gärna att jag fortfarande ser ”Folkhemmet” som ett i högsta grad eftersträvansvärt mål. Det tycks emellertid vara så att det ska vara passé med en sådan tanke. Att drömma om ”Folkhemmet” förlöjligas gärna.

Nej, andra och betydligt mer egoistiska principer råder numera och jag inbillar mig att de härstammar från 80-talets självförhärligande deviser: Utveckla dig ... ställ upp på dig själv ... och liknande.

Den nakna egoismens decennium.

Alltså, jämfört med min barn- och ungdom: Synd att så mycket av idéerna om solidaritet kvävts av nyegoismen, men bra att miljömedvetenheten kommit igång, även om vi har långt kvar.

Innan jag slutar vill jag lyfta upp ännu ett par funderingar som slagit mig under skrivandet av denna bok.

Som pappa har jag själv funderat mycket på devisen att leva som man lär. I denna min roll och även i andra sammanhang har jag verkligen försökt att göra så och jag vill nog påstå att det varit lyckosamt, i alla fall då det gällt barnens uppväxt, till exempel:

- Att avstå från eller vara mycket måttlig med alkohol,
- Att äta nyttigt och regelbundet,
- Att vara hjälpsam mot andra, ...

... och så vidare.

Jag lärde mig för länge sedan att barn gör som du gör, inte som du säger. Alltså är det rätt lönlöst att bara förmana, om man inte samtidigt är en bra förebild. För att balansera upp självbilden för den eventuelle läsaren medger jag gärna att jag också begått en rad misstag.

Ytterligare en dimension finns: Att leva som man tycker att man egentligen borde ... Det är ännu svårare.

Man bör dela med sig, men hur mycket?

Totalt? Kan man resonera som om: Jag har en del, men inte särskilt mycket. Någon annan har ännu mindre. Jag borde dela med mig lika av det jag har mer än honom ... eller ... ?

Nej, det kräver ingen och gjorde jag det ansågs jag säkert vara rubbad. För övrigt kan man nog alltid hitta en som har ännu mindre och på det sättet bli utfattig själv.

För den, som känner att man borde dela med sig, finns hur många varianter som helst att stilla samvetet på, som är mindre drastiska:

Själv hade jag ett fadderbarn i Sierra Leone i 15 år ...

Man kan också ge en slant till diverse insamlingar för välgörande ändamål ...

... och det finns en rad andra sätt att dela med sig.

Jag tror att ”leva som man lär” och ”leva som man borde” kommer från mina upplevelser i barndomen.

Och så en liten sannsaga om mig själv, den evigt tankspridde:

Mamma står en sommarkväll och tittar ut genom fönstret och på tomten går den lille sjuårige sonen omkring, sökande. Han bär sin fotboll under ena armen, vilket inte är något att bli förvånad över. Tvärtom, fotbollen är en stor del av hans liv.

Nej, det som är märkligt är snarare det ihärdiga letandet.

Sonen har inget vidare tålamod egentligen och att leta så länge är onormalt för honom. I rabatterna, under buskarna, i skräphögen, bland virkesstumparna, ja, han letar överallt.

Mammas nyfikenhet bara växer och till slut är hon tvungen att öppna fönstret för att inte spricka av nyfikenhet: ”Vad letar du efter?”

Den lille tittar upp, bekymrad och svarar frågande: ”Var är fotbollen?”

En annan historia, som mamma har berättat för så många släktingar, vänner och bekanta att jag minns den fast jag bara var tre, möjligen fyra år:

Jag ska för första gången klippas av en riktig frisör och närmaste ställe är i Leipzighuset vid Huddingevägen hos Lindqvists Frisersalong. Mamma och jag kommer dit och sätter oss att vänta på min tur.
I själva behandlingsstolen framför oss sitter en stor kraftig, ja, man kan till och med säga tjock, karl och blir rakad.

Med hakan i vädret sitter han där och frisören Lindqvist löddrar in halva ansiktet och en stor del av halsen så det ser ut som vispgrädde, tycker jag. Plötsligt tar frisören en lång, vass kniv i handen och sätter den mot halsen på den stackars inlöddrade mannen. Han drar kniven uppåt, tar sedan nya tag och det hela fortgår medan jag åser det hela med skräck.

Snart är han färdig och torkar av mannen överflödigt lödder. Mannen betalar medan jag känner oro för vad som ska hända. Frisören Lindqvist vänder sig så mot mig, ler och säger ”nu är det din tur”.

Jag hoppar ner på golvet och backar mot dörren med vitt uppspärrade ögon stirrande på den hotfulla frisören och piper fram ”jag rakade mig i morse”.

Så slipper jag bli rakad … och klippningen är ju inte farlig alls.
En lite nödlögn kan vara bra att ta till ibland. Men bara liten …

Annars fick jag noga lära mig att inte ljuga.

Mammas och pappas bröllop hölls i Bjärtrå kyrka och festligheterna hemma på Justerbacken. Barnen i främsta raden är mina kusiner med morbror Axels son Lennart i mitten. På varsin sida av honom står moster Edlas barn Kerstin och Kurt.

I övrigt från vänster står min mormor, moster Tyra, min farmor, moster Elsy. Bakom mamma syns min kusin Rogers pappa och huvudet mellan brudparet tillhör Kalle, pappas bror. Sedan följer min morfar i hatt (bakom pappa), moster Edla, morbror Axel och sist Edlas man Johan.